# LA CASA DE LAS MALETAS

*Todos llevamos un equipaje por dentro*

Roxana Calderón

LA CASA DE LAS MALETAS Copyright © 2018
Roxana Calderón
ISBN-13: 978-0-578-42728-7
Segunda edición

All rights reserved. This book or any portion thereof may not be reproduced, distributed, or transmitted in any form or by any means, including photocopying, recording, or other electronic or mechanical methods, without prior written permission of the original author, except in the case of brief quotations embodied in critical reviews and other non-commercial uses permitted by copyright law.

Todos los derechos reservados. Este libro no puede ser reproducido, distribuido, o transmitido de ninguna forma, incluyendo fotografía, grabación, y ninguna otra manera electrónicamente o forma mecánica, por fotocopia o cualquier otro medio, sin el permiso escrito del escritor original, excepto en casos de citación breve en reseñas críticas y otros usos no comerciales permitidos por la ley de derechos de autor.

E-mail: calderoxana@gmail.com
Instagram: @lacasadelasmaletas_
Twitter: @delasmaletas
Website: roxanacalderon.com

Diseño Gráfico: Hugo Federico Ovando
Editado por: Sydney Valerio y Carisa Musialik

DWA Press:
An Imprint of the Dominican Writers
Association   www.dominicanwriters.com

*Rosa, en deuda contigo de por vida, te amo.*

*Karla, el corazón de los guerreros*

*está hecho a la medida del tuyo.*

*A mi familia, en especial a Maritza y Frank*

*Merlanga saliste de mis costillas.*

*Bienvenido Calderón, te llevo.*

**Este libro es de ustedes, pero el contenido es mío.**

# CONTENIDO

(1) ............................................................................ 14

Tú eres el título ...................................................... 15

(2) ............................................................................ 17

No sé de quién hablo .............................................. 18

Cambio ..................................................................... 21

(4) ............................................................................ 23

Desahogo del alma .................................................. 24

(5) ............................................................................ 26

Mi secreto ................................................................. 27

A quien le pueda interesar: *parte 1* ...................... 29

(7) ............................................................................ 31

A quien le pueda interesar: *parte 2* ...................... 32

(8) ............................................................................ 34

No es una confesión ................................................ 35

(9) ............................................................................ 37

En la hora final ........................................................ 38

Imposible .................................................................. 41

(11) .......................................................................... 43

Sin título (1) ............................................................. 44

(12) ............................................................................ 45

Sin título (2) ............................................................. 46

(13) ............................................................................ 48

Sin expectativas ...................................................... 49

Expuesta .................................................................... 51

(16) ............................................................................ 55

Erótica en silencio .................................................. 56

(17) ............................................................................ 58

Pacto anti-moralista .............................................. 59

(18) ............................................................................ 61

Confesión ................................................................... 62

(19) ............................................................................ 64

(20) ............................................................................ 67

No me lo puedo explicar ...................................... 68

Lo que nunca he podido decir (6 de septiembre del 2015): *parte 1* ................................................... 72

(Este es especial) .................................................... 74

Lo que nunca he podido decir (6 de septiembre del 2015): *parte 2* ................................................... 75

10 de abril del 2016 ... 78

(24) ... 80

Dilo con palabras ... 81

Verano ... 84

(26) ... 86

Hablando con el peligro ... 87

Ajustes ... 89

(28) ... 91

LA TRAGEDIA (1) ... 92

LA TRAGEDIA (2) ... 93

LA TRAGEDIA (3) ... 94

LA TRAGEDIA (4) - *No hay agua en Mayo* ... 96

Tragedia no superada ... 99

(30) ... 101

Prueba superada ... 104

Burlados del sistema (22 de noviembre) ... 107

(33) ... 108

Livianamente en diciembre ... 109

(34) ... 111

Último del año .................................................. 112

(35) .................................................................. 114

Primero del año ............................................... 115

(36) .................................................................. 117

La culpa ............................................................ 118

(37) .................................................................. 120

Me daré un mejor trato ................................... 121

(38) .................................................................. 124

Me da risa su doble moral .............................. 125

(39) .................................................................. 127

Gratitud ............................................................ 128

(40) .................................................................. 130

Se siente bien contigo .................................... 131

(41) .................................................................. 132

22 de enero del 2018 ...................................... 133

Para él .............................................................. 136

Para que te sientas mejor ............................... 138

(44) .................................................................. 140

El más cursi de todos ...................................... 141

Ilusiones ........................................................... 143

(46) ................................................................... 144

Te detesto ........................................................ 145

Sin vergüenza ................................................. 147

(48) ................................................................... 149

Metamorfosis.................................................. 150

En el tiempo de las mariposas...................... 153

(50) ................................................................... 154

Me sigo engañando........................................ 155

(51) ................................................................... 156

Realismo mágico ............................................ 157

(52) ................................................................... 159

Moriviví............................................................ 160

## PRÓLOGO

!Hola! Por favor deja tu equipaje en la puerta, no vas a necesitar absolutamente nada de lo que traes, aquí te van a proveer con todo lo que te haga falta, creeme, yo ya viví en LA CASA DE LAS MALETAS. Con mucha emoción te doy la bienvenida porque sé la aventura que te espera.

Ahora bien, antes de que entres a este hogar te quiero dar un adelanto de las experiencias que solo tú, y solo aquí vivirás. Para empezar, nunca verás a la dueña de esta propiedad, quien te recibe es su alma. Un alma que por cierto, siempre anda desnuda y que te hará ver el mundo desde los ojos del cuerpo en el que habita, cuerpo que lleva por nombre, Roxana Calderón.

La intensidad y la fuerza que sentirás en este recorrido la describo como una montaña rusa de paros espontáneos y de golpes placenteros contra emociones a las que casi todos sentimos y muchos no sabemos expresar.

Roxana Calderón nos muestra cómo disuelve sus sentimientos a tinta para luego trazarlos a una hoja en blanco y enseñarnos que para sentir no hace falta tocar, que para decir lo que sientes hablar no es necesario.

Verás el corazón latir en las manos de Calderón cuando ella une sus fuerzas y abraza por la cintura una pluma para escribir. Al entrar a la casa notarás cientos de maletas, y sobre ellas la siguiente frase con la que Roxana Calderón nos da a entender que todos llevamos un equipaje por dentro.

*"En la misma dirección pero con la distancia necesaria para no mordernos los pasos, sin esperar nada uno del otro. Separados, pero con el mismo sentimiento, con el horizonte de frente pero yo aquí y tú un poquito más lejos. Tú delante y yo detrás."*

Ahora sí, llegó tu momento de entrar a La Casa de las Maletas, te prometo que no quedarás indiferente ante el mundo literario, espero que disfrutes tu estadía tanto como lo hice yo. Te abro la puerta… ¡Entra!

*Joanne Pichardo*
**(Escritora)**

*Buenas noches tenga usted*
*señora de media cara*
*que pocas veces se deja ver completa.*
*¿Me puede decir*
*porque a pesar de ser tan perfecta*
*es usted tan discreta?*
*Buenas noches tenga usted bella dama,*
*la dueña del anochecer*
*y de los astros que surcan los cielos*
*e ilumina los mares.*

Es importante que sepan que las ganas de gritar lo que pienso fue lo que me trajo hasta aquí.
No técnicamente a donde estoy parada en estos momentos, si no a escribir. Me di cuenta que llevo tanto guardado por dentro, y es extremadamente fuerte todo lo que siento, casi nunca tengo la oportunidad de vociferarlo, hablarlo o de expresarlo. Todos llevamos un equipaje por dentro, pero solo muy pocos son capaces de sacar sus emociones a la luz del sol.

Se me hace muy difícil describirme, pienso que sería limitarme. Solo quiero que sepan que soy una mujer intensa que quema con el tono de su voz, que si en la vida no he llegado más lejos es porque hay potenciales que pesan y nos hacen tomar el camino más largo y caminar más lento.

Quiero que sepan que soy inquebrantable, las vueltas de la vida me han hecho persistente aunque no cuento con una buena disciplina. Me tambaleo pero nunca me arrancó de raíz. Puedo doblarme, pero hasta ahora todas mis piezas siguen juntas.

Quiero que sepan que a pesar de la amargura de muchas de mis letras soy una persona feliz. Este libro es el arte entre lo subjetivo y lo objetivo, entre lo de afuera y lo de adentro, entre lo que yo siento y lo que creo que otros sienten, entre una opinión y un argumento.

Entendí a muy temprana edad que la felicidad viene de adentro y no de afuera. También, aprendí que el dolor es pasajero y que las lágrimas limpian el alma. Por esa razón, cuando la melancolía toca mi puerta le hago frente a lo que viene. El que no conoce la oscuridad no puede valorar la luz.

Aún recuerdo mi primer poema, tenía 11 años y hablaba de la soledad y el silencio. También, recuerdo la primera vez que intenté escribir un libro. El personaje se llamaba Libertad y hablaba de mí en tercera persona; siempre con deseos inmensos de dejar que mi cerebro expulsara tantas filosofías de vida que he ido aprendiendo.

La vida me otorgó un talento innato y creo que la manera más bella que existe de decir cómo uno se siente es por medio de la escritura. Siempre le doy gracias al Creador por eso. Todo lo que se plasma en papel es eterno, y todo el contenido de este libro lo llevé dentro de mi corazón por mucho tiempo. Es hora de abrir las maletas.

*Roxana Calderón*

**(1)**

Como tú
nunca nadie me ha querido.
Me miras como a un diamante
no pulido.
Nadie ha pensado
que me has perdonado
cincuenta siete veces,
y que aunque yo me marche,
siempre me recibes
con el panorama amplio,
la mirada fija y de frente.
Me cuidas y me exiges como
si hubiese salido de tus costillas.
Me ves grande, me lo dicen
tus pupilas cuando me miran.
Para ti soy
una organización
intergubernamental, mientras,
para otros una simple junta directiva.
Me tienes en un pedestal aunque
a veces yo me pasee
por las alcantarillas.
Solo tú sabes que decir
para que se me llene
el cerebro de amapolas.
Tú me has querido a oscuras,
en blanco y negro
y con miles de sombras.

**Tú eres el título**

No permitas que la lluvia te moje el espíritu.
No permitas que el polvo te cierre los ojos.
No permitas que los que te quisieron ver de rodillas y rendido logren su cometido.
No permitas que el viento fuerte cambie tu dirección.

No permitas que las olas te hundan.
No permitas que el sudor seque tus fuerzas.
No permitas que te calcinen el alma.
No permitas que tu corazón se vuelva obsoleto.
No permitas que vean que a veces se te aguan los ojos y que se te retuerce algo por dentro.

No permitas que al caerte tu cuerpo le tome cariño al piso y decida quedarse ahí por un tiempo.
No permitas que tu ego y orgullo te sirvan de brújula, tú sabes cual es tu norte y cual es tu sur, y a la hora de buscar el este y oeste tu humildad te guiará allí.

Acuérdate siempre que eres grande.
Acuérdate siempre que de ti he aprendido a ser fuerte.
Acuérdate que la muerte ha querido bailar contigo muchas veces, pero tú aún no tienes fecha de vencimiento.
Acuérdate que aunque el dolor con el tiempo se vuelve placentero, la felicidad es endorfina necesaria para el cuerpo.

Acuérdate que nada es eterno.

Acuérdate siempre que no todos merecen tu vulnerabilidad, no todos merecen verte débil, no todos merecen verte llorar.

Acuérdate siempre que no todos merecen tu atención y tu intención.
Acuérdate de protegerte y protegernos.
Acuérdate de que ya sabes todo esto, pero te lo acuerdo porque en momentos de baja la mente tiende a nublarse y no nos deja ver con los ojos del cerebro.

Quiero que si un día te falto esto quede plasmado y se vuelva indeleble este juego que tú y yo inventamos.

**(2)**

Esta alegría que siento
te pertenece.
Estoy contenta,
me has llenado de
endorfinas el cerebro.
Con toda esta energía
me llevas lejos.
Esta paz que siento es tuya.
Yo te pertenezco.

**No sé de quién hablo**

Entraste sin preguntar y todo en mi vida lentamente ha ido cambiando. En forma de aire a mi globo has ido entrando y siento que de tanto helio voy a terminar explotando.

¿Quién eres?
No sé.

Solo sé que estás ahí y que te hago feliz.
¿Quién ha dicho que amar es fácil?
Se sufre mucho, se paga mucho, se llora mucho y no siempre se recibe mucho. Pero hay tontos como yo, que arriesgamos el todo por lo poco, solo porque alguien alguna vez nos dijo que el que ama todo lo da sin pensar en recibir. Hay locos como yo, que tan solo con la presencia del amor en nuestras vidas nos derretimos, volamos, saltamos, tropezamos, pero casi siempre nos terminamos parando.

No aguanto ni un segundo más...
Daría todo y lo poco que tengo por ver ese momento en que los dos seremos libres, libres de este silencio en el que tan solo nuestras miradas hablan, libre de lo que dirá la gente, libre del que no estamos listos. Libres porque tu espíritu y el mío se han vuelto uno solo y ya no hay más prisiones, prejuicios o complejos porque somos libres. Libres de reír cuando te veo, de mirarte a los ojos y temblar. Libres porque así lo ha designado el que creó al viento. Libres, sin tener a nadie que engañar diciendo que en ti mi cerebro no piensa, y que mi boca de ti no habla, y que mi corazón por ti no palpita. Todos me juzgan porque no saben lo que se siente.

Estoy aquí, bajo mi propia confusión, porque en cosas del amor soy una completa idiota. Aunque muchas veces siento lo que sientes, en muchas ocasiones no sé si sientes lo que siento, y es en momentos como esos en los que pienso que me estoy tirando sin oxígeno a un océano desconocido. Me disparaste directo al corazón con tu sonrisa divina y tan solo eso bastó para que me dieran ganas de bajarte la luna.

Pero no sé si al final todo esto es solo una trampa de mi ingenua imaginación, que en muchas ocasiones me hace ver flores donde solo hay espinas. Luego, mi corazón cae y al final de la ecuación mi corazón sufre y la única culpable soy yo.

**(3)**

Quiero saber que azota tu alma,
que esconde tu mirada
que es más profunda que el océano.
Eres más callado que la arena del desierto.
Me compadezco de tu misterio,
debes de llevar muchas cosas por dentro.
Vacío no estás, tus acciones hablan
de lo que hay en tu interior.
¿Cuándo fue la última vez
 que sentiste aunque sea solo miedo?
¿Cuándo fue la última vez
que te dejaste acariciar del viento?
Siento que te observo con los ojos cerrados.
Incitas mi lagrimal.

**Cambio**

Me molesta la gente que juzga, los que traicionan, los conformistas, los insaciables, los arrogantes, la gente falsa, el que todo lo sabe y el que nunca se equivoca.

Yo también soy culpable de muchas de estas cosas, por ende pensaré más al hablar. Hablaré menos y escucharé más, daré las gracias y miraré lo positivo detrás de cada gesto.

Me duelen tantas cosas en este momento...
Los amigos que dicen ser leales y te destruyen.
Las personas que creen conocerte y te subestiman. Las personas que aconsejan autoritariamente sin saber el por qué del asunto; buenas intenciones con interrogantes al final. Un te quiero disfrazado de engaño.
La aceptación disfrazada de pena.
El que exige, pero no da.

Yo también he destruido, subestimado, mal aconsejado, fallado, me he disfrazado, pero también he reconocido mis faltas y he buscado un cambio. He buscado siempre el perdón de los que he herido, de los que he maltratado consciente o inconscientemente.

Me he retractado. También, he perdonado a esos que piensan que me han hecho un bien, y con su método fallido solo me han causado daño y dolor. Ahora solo quiero aprender a permanecer en silencio y mientras muchos ríen solo observar.

Me rehúso a conformarme con lo que sea, con lo que venga, a otorgar con mi silencio las cosas que no acepto, a tener miedo a causa de una fe imperfecta, a recibir menos de lo que valgo, a caer por tonta. Desde hoy declaro que soy más fuerte, más valiente, sin pánico y abierta a cualquier proceso de transformación. Reitero que no soy perfecta, yo también he herido. En estos momentos estoy en proceso de transformación.

**(4)**

A pesar del tiempo aún no te he olvidado.
Sigues ligado a mi cerebro,
siento cada uno de tus pasos.
Eres el significado de la palabra indeleble
en su máxima expresión.
A pesar del tiempo aún no te he olvidado,
sigues ligado a mi espíritu, a mi corazón.
Cuantos recuerdos en mi mente cuando llueve.
Sigues en mi alma como el primer día,
como la última vez.
Sigues estando presente.
No lo niego, a veces recordarte duele,
pero hay males que son necesarios.
Te extraño.
Quisiera volver a verte.
No es fácil estar viva sin ti.

**Desahogo del alma**

Voy a escribir hasta que se me reviente el alma. Voy a escribir hasta que el diccionario se quede sin palabras y hasta que mi corazón escupa por mis manos todo lo que quiere decir. No voy a callar mas voy a escribir. Voy a decir todo lo que siento, voy a expresar todo mi sentir. No seré débil, hablar desde adentro es de valiente. Mis manos transmiten magia, mis letras son portadoras de mi voz.

Es que he decido que es hora de escribir. Aquí no hay horarios, voy a seguir. Quiero gritar, quiero llorar, quiero reír. Mi cuerpo está preñado de emociones y quiere dar a luz. Por mi sangre hay letras, mis pulmones respiran ideas, metáforas, vivencias. Ya dije que no me voy a callar. Si es ira, o alegría estoy decida a plasmar en papel toda esta energía.

Hoy se trata de mí. No quiero pensar más en ti. Voy a escribir. Encontré un punto final, pero no puedo parar. ¡Qué la luna se haga eterna al ver mis composiciones y se posicione de espaldas al sol para que este no pueda salir! Me toca descifrarme, escudriñarme, describirme, abrirme, no voy a limitarme.

Me buscarán y no me encontrarán. Me fuí en una nube a escribir, a componer, a redactar, a contarle a un cuaderno todo este torbellino de cosas que llevo en mi ser.

Delataré en mis versos al que se llevó mi paz, al que arrancó de raíces mis flores y me dejó el cerebro quebrantado y lleno de alas sin cuerpos; incapaces de volar. Tengo la médula a punto de reventar a causa de esta maldita ansiedad que provoca tu ausencia. Miserable me siento, ya no soy yo, esta es otra.

Estoy en trance mental, pero no me siento extraña. No tengo miedo. A pesar de todo me siento libre, mientras más escribo, más livianos llevo los pasos. ¡Mi silencio no envejecerá conmigo! No me dejaré aplastar.

Este lápiz es la única arma que llevo, y mis pensamientos son la única dictadura capaz de mandar dentro de mí. Tengo ganas de gritar lo que he callado por tanto tiempo. Hoy me pertenezco. Mi intensidad es solo mía, mi amargura y mis carcajadas son solo mías. Hoy no me comparto con nadie. Solo estas hojas serán capaces de conocer lo que llevo sumergido en el cerebro.

**(5)**

Yo no sé cómo hacer ese tipo de cosas.
A veces me excedo,
pero todo lo que hago es sincero,
sin esperar nada a cambio que no sea verdadero.
En mí no hay segundas intenciones, soy real,
soy leal, pero me suelen mal interpretar.
Tanta atención es escasa en estos tiempos.
Todos buscan sacar provecho,
cuando yo solo trato de cultivar amistad,
donde hay tanta falta de harmonía,
donde no hay complicidad.
Disculpas por un trato tan directo.

**Mi secreto**

Todos los días le pido al creador para que borre de las memorias de los que me rodean que mi corazón late por ti. Me arrepiento y quisiera volver atrás y eliminar de mi vida el día que decidí contarles a todos lo que siento por ti. Quiero que seas mi mayor secreto, que solo la luna sepa que te quiero. Quiero paralizar el tiempo y contemplar tu imagen como foto en mi cabeza.

Llegaste a mi vida de la manera más inesperada, pero estuviste siempre ahí, gravitando en el espacio, esperando el calor de mi mirada. No te niego que tengo miedo de que todo esto que yo siento sea solo una ilusión y que tú no sientas en tu alma esto que la mía siente. He intentado callarme, alejarme, mantenerte en mi memoria y no hablar de ti. Pero de una manera que no puedo explicar todos los caminos me conducen a tu mirada, esa mirada tan profunda que oculta tantas cosas y dice tanto a la misma vez.

Eres eso que vive escondido en mi ser, de ti solo sabemos yo, mi lápiz, y un papel. Después del que vida sopla en mí, eres eso que ilumina mis días con su sonrisa. El tiempo a tu lado no existe y contigo podría soñar toda una eternidad. Dios te puso en mi vida por una razón, con un propósito, y aunque a veces me da temor preguntar, sé que él un día mi duda responderá. Solo tengo que dejarlo, esperar, y veré lo que a través de ti me quiere mostrar.

**(6)**

Quiero que en mañanas como estas
me mojes la cordura.
Hazme llover con el sonido de tu silencio.
Rózame las neuronas sin tocarme.
Expándeme y cámbiame de color.
Ven que es Febrero, pero se siente como Mayo.
Tengo sed de tus labios.
Llueve(me).

## A quien le pueda interesar: *parte 1*

Tengo un puño en la garganta. Una roca atrabancada bloqueándome el habla. A veces pretendo que no tengo voz para a nadie herir, pero estoy harta, cansada, hastiada, porque si yo no visito a nadie porque todos quieren estar en mi casa. Aquí no venga de visita.

Quédese con su opinión y regálesela a quien se la pida. Quédese con su opinión y resérvesela por si usted o alguien más la necesita. Quédese con sus consejos que nadie le ha pedido su aporte. Quédese por ahí con su envidia disfrazada de honestidad.

Nadie se está ahogando, nadie ha gritado socorro. La próxima vez que su boca se dirija a mis oídos pondré un espejo de frente a usted para que mientras hable, lo que sea que diga, vaya dirigido a sí mismo. Aunque me vea en el fondo del océano sin oxígeno le exhorto a que siga su camino.

Todo lo suyo es subjetivo, nada objetivo, proveniente de lo que ve, no de lo que siente. Permítame decirle que hace mucho me di cuenta que tiene usted la mente transparente. Su pensar es un reflejo del miedo a fracasar que tiene.

Nunca ha tenido el valor que yo tengo de atreverse. No se atreve sin salvavidas, no se atreve si primero no averigua, no se atreve si no ve un puente, no se atreve si no tienes alas, no se atreve porque su mente es nula y nació para ser esclava. Sus neuronas son enredaderas de tabúes.

Su motriz es incapaz de maquinar porque sus inseguridades la tienen llena de polvo. Tiene el lado izquierdo de más. A usted todo le da igual, nada le llena, sus consejos son vacíos y obsoletos, carecen de sinceridad. ¿Así pretende que le crea cuando dice "cuidado por ahí no se camina"?

Yo soy más feliz que una lombriz, me río y lo disfruto todo, me río si caigo, me río si me levanto, me río si lloro, me río si lo pierdo todo, me río si me traicionan, me río de que me río. Entonces usted sufre porque es cobarde y no se atreve.
Tenga usted la certeza de que en mí nunca habrá duda, nunca habrán oraciones con signos de interrogación volviéndome loca. Es que mientras usted sufre acuérdese que yo me río y gozo.

## (7)

Me faltas tú, respirar tu aire.
El roce de tu nariz con la mía.
Tu mirada penetrante seguida
por una sonrisa.
Me falta tu presencia, tu calor.
Tus manos abrazando las mías.
Tus pupilas dilatadas en las mías.
Tu cuerpo dentro del mío.
Tu alma con la mía.
Tus caricias en provincias prohibidas.
Me faltas tu tiempo invertido en el mío,
los segundos del reloj conmigo.
Las horas haciéndose eternas
para contemplarnos por siempre.
El suspenso de la espera,
la alegría de tenerte.
Me faltas tú.

**A quien le pueda interesar:** *parte 2*

Al que me dijo que me diera valor, solo tengo para decirle que porque me valoro es que hago lo que hago.

Porque me valoro es que no tengo doble moral, es que me atrevo a ser feliz, me atrevo a volar. Porque me valoro es que no le pongo título a las cosas que amo, porque eso sería limitar lo que siento y faltarle el respeto. Porque me valoro, es que me doy la oportunidad de ser débil. Porque me valoro, entiendo que algunas reglas se pueden ir por el inodoro. Porque me valoro, es que a veces pretendo ser ciega y no veo que los letreros dicen ¡CUIDADO!

Vuelvo y te repito que soy feliz, más feliz que tú, porque mientras tú piensas en mi situación no te has dado cuenta que tu cerebro trabaja para mí. Te sugiero que dejes de preocuparte por lo que a mí no me da ni cosquillas.

De repente todos tan preocupados por mi bienestar. Todos son psicólogos, sociólogos, protectores del hogar, y la buena moral.

¿Dónde estaba su psicología cuando yo estaba casi loca, dónde estaban todos cuando me creía casi muerta? ¿Dónde estaban todos cuando me sentía rota y sin un martillo que me clavara? ¿Dónde estaban todos cuando se me fue la sonrisa y todo era llanto? ¿Dónde estaba su preocupación cuando pensé de este mundo borrarme? ¿Dónde estaban todos cuando yo sufría, cuando caí en el abismo, dónde estaban todos?

Ahora mi felicidad les aborrece, les enferma. Les molesta ver mi rostro brillar sin maquillaje, les molesta verme reír sin motivo alguno, les molesta que yo admita quien es mi debilidad.

¡Les molesta!

Todos son unos egoístas disfrazados como el lobo de abuelita. No están bien de la cabeza, tienen el alma llena de bacterias.

¡Hipócritas!

**(8)**

¿Cómo lo superas tú?
¿Te cuento como lo he superado yo?
Bueno, el primer día no me dolió,
creo que mi cerebro no procesó
la noticia inmediatamente.
Después que la información fue registrada,
sentí que no podía respirar,
algo me arañó la médula...
Con el pasar de los días
y después de dejar de culparme,
entendí que todo pasa por algo
y que por lo menos lo intentamos.
Así lo fui superando,
con una dosis de autoterapia.
Entendiendo que si me fallaron,
yo también fallé.
Al verlo todo desde otra perspectiva,
entendí que me hicieron un favor ese día.

**No es una confesión**

No es una confesión. Ya no quiero ser invisible... Quiero que me veas, que te des cuenta que estoy aquí, que me sientas, que me observes sin temor a perderte por unos segundos en mis pupilas.

¡Mírame! Que se detenga el tiempo si es necesario, pero no dejes de verme hasta que no te des cuenta que llevo casi una vida entera a tu lado intentando ganar puntos, intentando que reconozcas mi potencial, buscando de cierta manera tu aprobación. Estoy aquí, ¿por qué no me ves? ¿Por qué me dices que no me ves? ¿Por qué lo dices tan alto? Si estoy aquí cerca de ti, a tu lado.

No es una confesión, pero me molesta que sigas buscando eso que ya tienes. ¿Es que acaso me ves tan rota que piensas que no tengo arreglo? Es como si lo que te he contado acerca de mí, me haya descalificado ante tus ojos. ¿Es que acaso mi comportamiento no llama suficientemente tu atención?

No te das cuenta de que yo también tengo miedo de que esto no pueda ser y llegar a perder eso tan bonito que tengo contigo. Pero es que siento pánico de que si no lo intento, todo esto se quede aquí como en una especie de limbo, como en el aire, sin un lugar en específico.

No es una confesión, pero estoy harta de tu vacío, de tu silencio, de tu falta de tacto, de tu falta de amor. De que solo demuestres lo que sientes con actos y no con palabras. Quiero escucharte decir lo que sientes sin que tenga yo que forzarlo a salir de tu boca.

No es una confesión…Pero si me pusieras atención, te darías cuenta lo especial que soy. Así llena de cicatrices, sensible, con traumas, media dañada, pero con el alma intacta.

**(9)**

La gente como tú
nunca ve lo que tiene,
si no lo que le hace falta,
así como yo te tuve,
y no me di cuenta
de lo que estaba a mi lado,
hasta que ya no estabas.

**En la hora final**

Esto es lo que pienso: que nadie está de acuerdo con esto, que lo que sucede es por falta de entendimiento, que el mundo da vueltas pero no es por eso. Muchos creen estar cerca pero están lejos y no es que lo pienso, lo siento. Todo lo que me pasa es tan feo. Sueño con que todo esto se vaya y se quede sin regreso, para que sea por tan solo un momento y solo por un minuto, ya no ocurran guerras en mis pensamientos.

Soy ilusa, pero no estúpida, tonta pero no idiota. Sé que esto no es un castigo más bien una prueba para ver lo que cada uno piensa. Esto es un rompecabezas que nadie puede completar ni desenredar. Entiendes que puedes expresarte y no puedes porque te da miedo lo que la gente piense.

Quieres hablar y tienes que callarte, porque con lo que dices, la gente cree que pierdes el valor y la dignidad y un montón de cosas que para ti no significan nada, porque el día del juicio nadie te las va a echar en cara. La libertad la poseo, pero me siento como una esclava de mente, pensamiento y corazón y por cada cosa que haces la gente piensa que son dos. Escribo y escribo y mi vida es un caos, y la ganas de expresarse aquí no valen nada más.

¿La compañía, qué piensas de ella? Porque la soledad no te suelta ni por un instante y te tiene las neuronas y el cerebro de cabeza. Tu vida ya ni tú mismo la entiendes y el deseo de explotar es tan fuerte y sientes que no puedes.

El amor, para que hablo de eso, porque es una bendición que a veces se convierte en maldición. Te quita las alegrías y se lleva tu vida, simplemente te deja en agonía.

Cuando la felicidad toque a tu puerta, y la tristeza no te deje hacerle frente a lo que viene, sonríe, porque sabes que no te durará para siempre. Aunque en ocasiones se queda, y te abraza con su magia.

Son tantas cosas dentro de mí que tengo la impresión de que esta vida no me será suficiente para decir todo lo que llevo por dentro. Sé que todo a la luz irá a parar y las lágrimas a mi página irán a dar. Nada es eterno. Si sigo escribiendo voy a llorar. Esto es lo que siento en estos momentos y lo que diré el día que me vayan a juzgar.

**(10)**

Dicen que hay un tren que solo pasa una vez.
Yo me revelaré y desafiaré al tiempo y sus secuaces.
Te esperaré, no tardes. Aquí estoy, no me falles.
Detendré el reloj, congelaré nuestros años.
Catapultaré nuestras memorias.
Me aseguraré que esto que sentimos,
trascienda a la próxima parada, por si no nos
encontramos al final de esta historia.
En caso de que esto ocurra quiero que sepas
que las luces siempre estarán encendidas
en cada estación donde pase el tren,
como señal de vida. Si tu corazón tiene memoria
muscular, sus latidos me encontrarán.
Yo estaré donde me encuentres, si me buscas,
me encontrarás.

## Imposible

No estoy de acuerdo con nadie, que si existen imposibles es posible que me pases, que me sucedas, que acontezcas.

¿Imposible?

A mí háblame de territorios no conquistados por ignorancia, porque eso de amar a ciegas y de tirarme al océano sin salvavidas es un acto de elegancia.

Mi alma se alimenta de riesgos, de aventuras. ¿Acaso no me ves? Firme a pesar de las tormentas. Imposible sería no creer que tu miocardio pueda palpitar al sentir mi dermis, que te pertenece a pesar que aún no me has tocado, de no tener tu ser junto al mío. Es posible que acontezca entre tú y yo un encuentro en silencio que llene de agua mi cuerpo al estar frente al tuyo.

Esto es lo que sucede, te explico... Que sin mí, tu existencia es mínima. Si no entiendes, me refiero a que sin mí tú no existes, tu presencia en esta faz viene siendo un cero con un punto a la derecha, a falta de números que le den valor.

No es prepotencia, simplemente es difícil de explicar cómo tú al igual que yo no sientas que te diluyes a falta de un sólido que le dé un poco de composición a tu corazón. Sé que solo nacimos y solo partiremos, pero no es lo mismo morir solo, que solo morir, por falta de tornillos que te mantengan derecho y andando.

No estoy de acuerdo con nadie que piense que es mejor evitar y no sufrir, si el sufrimiento es lo que le trae calma al alma. Nada es inconcebible, fíjate cómo cae nieve en primavera.
Aquí espero hasta que quieras. Sin una cosa no hay la otra, y sin mí, vuelvo y te repito, es mejor no vivir.
Tu vida sin mi magia es lo único imposible.

**(11)**

En la misma dirección
pero nos separan
un conjunto de tablas métricas.
Con las nubes como límite;
en la misma dirección,
pero con la distancia necesaria,
para no mordernos los pasos.
Sin esperar nada uno del otro.
Separados,
pero con el mismo sentimiento.
Con el horizonte de frente,
pero yo aquí y tú un poquito más lejos.
Tú delante y yo detrás.

**Sin título (1)**

Antes que todo gracias. Gracias por esta divina confusión. Gracias por ofrecerme el aire y dejarme ahí flotando. Es un tan difícil explicar cómo todo empezó, como llegamos hasta aquí. Pero creo que así son las casualidades de la vida, no tienen lógica ni definición.

En mi vida eres algo no planeado, mucho menos imaginado. Pero aquí estás, a pesar de los pronósticos, a pesar de las advertencias, a pesar de lo que sientes, a pesar de lo que siento, a pesar de tus dudas, a pesar tus cuestionamientos, a pesar de mis sentimientos.

Esta nube no ha tomado forma porque tú no dejas que crezca, que se desarrolle, que nade en el tiempo. No sé qué tienes en la cabeza, no sé si es miedo, incertidumbre o si solo soy un juguete extraño para ti. Me envías por un túnel a toda velocidad y por momentos como que lo piensas y me frenas.

Por segundos escudriñas hasta el lado más oscuro de mi alma con tu mirada, bajas la guardia y permites que te entregue el lado izquierdo de mi corazón. Luego, intentas razonar con mi cerebro, tratando de que entre en razón y bloquee cualquier sentimiento que haya de mí para ti.

**(12)**

La tarde está para que me pintes
de colores pasteles el cielo,
quiero ser tu lienzo.
Lléname de atardeceres,
refléjate en la paz de mi mar
antes de esconderte.
Tu presencia en días grises
hace que se me llene el alma.
Eres ese rayo de energía
que tanto esperaba.
Tu sonrisa despierta el atardecer,
iluminas mi jornada.

## Sin título (2)

Hablar contigo es tan placentero, es así como tomar agua carbonatada cuando se tiene sed.
Es como si el agua entrase por mis oídos con toda su efervescencia y las burbujas cayeran bailando dentro de mi corazón.

Tal vez pienses que sueno comercial o cursi, pero ¿qué quieres que te diga si solo así me sé expresar? Con palabras tontas que suenan a cliché pero que expulsan con mucha fuerza todo eso que llevo por dentro, aunque a ti eso te baje la presión.

Me hubiese gustado estar a tu medida, pero como dicen por ahí, no eres tú, soy yo, y la química, y mis altos estándares, y un sin número de cosas más que no seré capaz de comprender hasta que tenga hijos. No soy yo, eres tú, y tu incomprensibilidad por no querer entender que solo me alejo porque no te quiero herir, porque no te quiero hacer daño.

No entiendes tú que más daño me harías si un día te alejaras, porque a pesar de la falta de química, los altos estándares y esas cosas que no sería capaz de entender porque no soy madre, tu presencia se ha vuelto un tanto vital para mí.

Es así como si con cada llamada me transmitieras energía, alegría; como si mi dolor anestesiaras.

Esto no es una confesión de amor y tal vez esté hablando más de la cuenta, pero quiero que sepas que cuando llegaste trajiste una luna nueva y con ella un montón de estrellas para que iluminaran la oscuridad que llevaba por dentro, y me acordara que estaba viva.

A pesar de que no funcionó, agradezco cada gota de alegría que rociaste en poco tiempo en mi vida.
No es tu culpa, pero el frío aterra a más de uno y muchos le terminamos huyendo a la soledad. Tengo deseos de aprender lo que se siente cuando alguien te siente. Quiero provocar en alguien el efecto del agua carbonatada cuando se tiene sed.

**(13)**

Se me está llenando el alma de cosas
que nunca te voy a perdonar.
En noches como éstas te odio
por no quererme como yo te quiero.
Juro que a veces me odias,
pero creeme que a veces
el sentimiento es mutuo.
Se me está llenando la vida de hoyos
a causa de tu ausencia.
Cuando no estás desaparecen mis letras.
Esta ansiedad de no tenerte me tiene en resaca.
Hoy voy a llorar hasta deshidratar mis penas,
y desnudar mi alma.

**Sin expectativas**

¿Acaso no te has dado cuenta que a pesar de las sugerencias y de las señales de humo en el camino te he ofrecido mi trato, mi cariño, mis caricias, mi afecto, mi cuerpo, mi compañía y mi entera presencia? Entonces si ves todo esto, ¿por qué no me dejas ser? ¿Por qué no me dejas vivir? ¿Por qué me limitas, sabiendo bien que es imposible?

Yo no tengo miedo, el cobarde eres tú, a mí no me importa sufrir y sumergirme. A mí no me detiene la idea de que un día te vayas y no regreses, porque hoy aún estás aquí.

No te estoy pidiendo nada, no quiero que me agarres de la mano y que bailemos, no quiero que cerremos los ojos y que soñemos, solo quiero ser
sin pensar en cómo esto sucedió, sin pensar en cómo terminará, sin pensar hasta cuándo durará y si te podré olvidar.

En esta vida todo es incierto.
Déjame sentir, que si provocas en mí dolor,
te aseguro que este no será eterno.

**(14)**

Salí a buscarte y no te encontré,
así que decidí emprender
sola este camino.
En la distancia no me pienses.
Cuando estuve no me abrazaste.
Te prohibo pensar en mí ahora
que no estoy.

**Expuesta**

Me pregunto si todos notarán mis ojos llorosos, me pregunto si escucharán la conversación entre mi corazón y mi cerebro, tratando de acusarse uno al otro y de justificar mis hechos.

¿Se darán cuenta de lo patética que me he vuelto?
¿Se darán cuenta que ya no tengo dignidad?
¿Se darán cuenta que ya no tengo fuerzas, que me lleva la corriente y que no puedo hablar?

He perdido mis reflejos.
Ya no confío ni en mis habilidades.

Me pregunto qué pensará el señor del lado, se ve cansado, con muchas horas de trabajo. Se le ve la mirada lejos. Me pregunto si alguna vez en su vida se habrá sentido cómo yo en estos momentos. Me pregunto si notará mi miedo, si percibirá mi sufrimiento.

Me pregunto si se dará cuenta de que llevo mi corazón más vacío que mis manos; que estoy rota por dentro. ¿Cuántas veces puede la misma persona romperte el corazón? Voy sentada dentro de esta bañera vacía, desnuda y sin confianza. Te lo has llevado todo, así como un día yo me llevé tu fe.

Siento una tristeza que corrompe mis venas. Mis lágrimas dejan huellas saladas sobre mis mejillas. Ya mi corazón no late, solo tararean canciones que lanzan piquetes al alma. Creo que estoy abriendo los ojos.

**(15)**

Aparentemente hay espacio,
pero te has pasado
la vida entera demostrándome
que solo soy equivalente
a un segundo plano.
Y yo me voy y vengo
y siempre regreso con
la esperanza de que las cosas
hayan cambiado
y aunque me recibes con
los brazos abiertos
sigo siendo el número
antes del punto,
el cero a la izquierda,
sin influencia,
sin cambio.
Buscando que muevas
algunos dígitos
para así yo tomar algún valor.
¿Qué rayos hago aquí?
Las sillas están vacías,
pero en tu corazón no hay espacio.

## Todo lo que pienso (2 de septiembre del 2014)

Escribo esto por si algún día dejo de sentir, por si algún día dejo de respirar, de soñar. He caminado tanto buscando saciar mi sed, buscando saber qué se siente cuando alguien te siente construyendo, creando, destruyendo, analizando, pensando. En el transcurso de todo esto le he entregado lo mejor de mí a muchos, tanto que a veces pienso que ya me he quedado vacía. Pero de repente siento como la sangre me va corriendo por las venas, siento como mis pulmones inhalan y exhalan y vuelvo a sentirme viva. A veces no entiendo, me detengo por segundos y siento el toque del viento, como si yo fuese la rama de un árbol y la brisa rozara mis hojas.

Escribo, porque sé que no soy la única persona que ha experimentado amar en soledad, porque sé que no soy la única persona que ve que tan difícil y sencillo a la vez el no poder entender ese miedo terrible de que llegue la persona "correcta" y no poder identificarla, porque estamos sucios, rotos, agotados, sin fuerzas, sin ganas de continuar.
Ya en otras ocasiones hemos confundido el amor con otras necesidades y quedamos en guerra con nosotros mismos, llenos de dudas, con las manos atadas, muchos sin fe, y otros con esperanza, pero sin la energía de volver a construir castillos en la arena porque alguien se llevó la confianza que teníamos en nosotros mismos.

Escribo con la esperanza de que me queda mucho por aprender. A pesar de mis batallas, mis heridas, los obstáculos y las almas que por ahí andan desintegrando la fe y el valor de los demás, aún tengo la certeza que me queda mucho por dar.

Me atrevo a desafiar cualquier ley que diga que aquí ya no hay nada más.

Escribo porque me han cerrado muchas puertas en la cara sin explicación alguna. Escribo, porque quizá muchos intentaron seducir mi corazón, otros mi alma, y tal vez unos pocos pudieron tocar mi cuerpo, pero hoy me doy cuenta que nadie pudo saciar mi sed. Por más que busqué, nadie pudo sacar de mi corazón ese bloque de cemento que llevo por dentro. Nadie pudo llegar al más allá y en silencio, sin tocarme, penetrar mi alma.

Aún tengo la seguridad de que alguien me amará como nadie nunca me amó, porque a pesar de este vacío que a veces me carcome las entrañas, me queda mucho por sentir. Las guerras no me han matado, sigo respirando.

## (16)

Déjame entrar.
Hay miles de cosas
que quiero saber,
que quiero escuchar,
pero sigues aferrándote.
Arrástrame con palabras,
con tu voz,
con tu visión del futuro,
tus memorias del pasado.
Canta para mí,
hipnotízame,
baila con la idea de unir tu alma
y tus pensamientos con los míos.
Seamos uno, mental y físicamente.
Alcancemos una nueva dimensión,
permitámonos iluminarnos
con el poder de cada sentimiento
que nos despierta.
Solo tengo que estar viva
para que me acontezcas.
Ven, sucedámonos.
Somos necesarios.

**Erótica en silencio**

Tengo guardado en el banco de mi cerebro palabras que golpean con fuerza la puerta de mi boca para salir huyendo. Cuando te tengo cerca me siento valiente y a la vez siento pánico y temo porque despiertas en mí sentimientos y deseos que me hacen olvidar quien soy y me convierto en lo que quiero que poseas.

Te observo, escudriño tu mirada, tus pasos, tus movimientos y sabes que, me gusta lo que veo. Anoche mi corazón me dijo un secreto, me dijo que tu corazón latía, que bailaba dentro de tu pecho.
Te tuve tan cerca, pero estabas lejos, deseé que me abrazaras, que me tocaras, que te olvidaras del respeto y me hicieras sentir eso que nadie ha hecho. Me haces querer. Sí, me haces querer eso que nunca he querido. Tuviste mi silueta en tu cama, y no jugaste ni con su reflejo. Ahí estuve junto a ti, respirando tu aire esperando darte lo que de mí esperabas. Con ganas, con un cuerpo que se derretía no por tu calor, sino por el tiempo.

No tendré un cuerpo perfecto pero tengo un cerebro y pienso, tengo un corazón que late, soy de carne y hueso. ¿Qué ves cuando me miras?
¿Acaso no hay nada en mí que excite tu pupila? Mis pechos no tan firmes aún anhelan, mis curvas están bajo construcción pero aún buscan quien se pierdan en ellas, mis piernas están cerradas pero por momentos son como ventanas que desean estar abiertas.

Como el barro con deseos de ser tocadas, moldeadas, mis carnes aún respiran y mis manos aún buscan tocar, sentir, palpar. Mientras yo me pierdo en tus ojos que parecen luceros llenos de energía, me susurras al oído que no quieres nada en serio, y pienso que en esta vida nada es serio, solo la muerte porque firmamos un pacto con ella en el momento en que nacemos.

Me encanta ser alumna, me gusta que me enseñen. Llévame, dirígeme, sumérgeme en ese lugar donde todos hipnotizados en el placer se envuelven.
Tócame, siénteme, tengo un cuerpo lleno de deseos, pero estoy atrapada entre mis tabúes, en mis propios miedos. Muchos me han dicho lo que me estoy perdiendo, pero nadie me ha dicho cómo llego.

Me llenaron la cabeza con cosas que hoy no entiendo. Quiero ir más allá de mis temores, cruzar la barrera que yo misma me he puesto, disfrutar sin pensar que si estás o no cuando despierto.
Solo tú puedes abrir la llave que llena la fuente.

Necesito que te pierdas dentro de mí como un alfiler en la arena, que me enseñes a sentir que se siente cuando alguien te siente. Quiero respirar tu aire, que me eleves y ahí me dejes.

## (17)

Más que en tu cuerpo
estoy en tu mente,
y no es lo mismo estar
en tu mente
que estar en tu cuerpo.
En tu cuerpo varios,
en tu mente, solo yo.
Aunque seas culpable,
y en tu conciencia lleves
más de un muerto.
En tu mente solo yo,
en la mía siempre tú.
El que posee tu cuerpo
y no toca tu alma
no posee tu intelecto.
Yo quiero tu (sub)consiente
reflejado en mi trayecto.

**Pacto anti-moralista**

Te juro que no estabas en mis planes, pero llegaste de repente y con tus ojos azabaches me hipnotizaste, me cautivaste. La magia de tu presencia paralizó el momento de tu llegada a mi vida y humedeciéndome los sentidos con tu aroma, lograste una explosión en mis hormonas.

Desde ese entonces tu olor se ha convertido en una especie de souvenir que siempre llevo conmigo. Ahora siempre te deseo, te anhelo, te procuro en cada instante en el cual estas lejos.

Contigo no quiero compromisos, contigo solo quiero besos con sabor a libertad y miles de encuentros espontáneos disfrazados de casualidad. No busco esclavizar mis sentidos y ponerte de destinatario en mi corazón. Esto es sin ataduras y sin ninguna clase de visión hacia el futuro.

Aquí las únicas reglas que existen son para preservar nuestro anonimato en la clandestinidad. Esto es un viaje sin expectativas, de la carencia de expectativas sucumbe la química de la atracción. En mi cerebro existen imágenes tuyas con símbolos de peligro y precaución.

Las ilusiones están prohibidas, cualquier demostración que atente hacia lo establecido será cuestionada y podrá causar estragos. Nuestras memorias no tienen espacio para almacenar y más tarde recordar, aquí el después no existe.

Tú y yo somos del momento, existimos, pero no somos. Cerca, pero separados, estamos, pero sin condiciones, del tiempo presente, pero ausentes cuando se requiere. En el mismo espacio, pero no en la misma dimensión. Con un solo propósito en común, placer antes que amor.

**(18)**

Por primera vez mi corazón
y mi cerebro están de acuerdo.
Los dos están
a tus pies y de rodillas,
bajo tu mirada.
Y para serte sincera,
estoy en calma.

**Confesión**

En momentos como estos no sé ni que pensar, siento tantas cosas que me da miedo hablar y blasfemar. Son tantos sentimientos encontrados dentro de mí, y siempre me peleo a mí misma, por tonta, por zángana, por ilusa, por amar y no saber callar, por hablar de más, por sentir de más, por querer vivir y saber de más.

Hoy no sé qué más decir, todo parece tomar otro sentido, y no entiendo, y eso me confunde, y no juzgo porque sé que no nací para entender sino para caminar sin ver. Tengo ganas de comprar una burbuja o una cajita de cristal y encerrarme dentro de ella por siempre y para siempre.

Quiero aislarme en una isla desierta donde solo yo oiga mis palabras, donde solo yo oiga mis quejas, donde solo a mí me afecten mis actos, donde solo a mí me duelan mis consecuencias.

En estos días todos parecen buscar un culpable, y yo con mis neuronas quemadas de tanto pensar, de buscar a quien culpar, sabiendo en lo profundo de mi ser que la única culpable soy yo por creer.
Ya nadie tiene corazón, todos andan por ahí destruyendo, y yo por querer amar hasta lo que nadie ama, siempre termino sufriendo, de blanco y negro y sin nadie a quien cantarle una canción. Todos andan por ahí rompiendo, reconstruyendo, y yo caminado, observando, pero sin entendimiento.

¿Quién me iba a decir que darse por completo trae sus consecuencias negativas? A veces se multiplica, a veces se suma, pero muchas otras veces se resta, y al final de la ecuación termina uno vacío.

Hoy clamo al que me creó, al que puso vida en mí, y le pido que me escuche. Le digo que sé que no tengo que entender, pero hay cosas que me suceden que duelen. Necesito que me abrace, porque hace mucho nadie lo hace, que me hable y me diga que me ama. Por aquí todo está desierto y solo se siente la brisa fría, y en noches como estas donde hasta la luna me ha abandonado, solo una caricia suya dará tranquilidad a mi alma.

**(19)**

Eres eso que nunca busqué,
pero que me encontró.
Eres eso que siempre pedí,
pero que nunca deseé,
y mírate, ahí estás, me haces daño,
pero no me puedo detener
el tiempo, no es mi aliado
y en su contra no puedo luchar.
No eres Dios,
pero le has devuelto el color
a muchos de mis espacios en blanco.
No te pido mucho por poco,
solo te digo que si ya estás aquí,
¿Qué te cuesta luchar un poquito más?
Mira, mucho he caminado
y no me he cansado,
mucho he llorado
y a ti no te lo he reclamado,
muchas pérdidas he tenido
y no te lo he cobrado.
Solo quiero que sepas
que espero que luches como estoy luchando,
y que me ames como nunca me han amado,
que luches por mí
como un soldado lucha por su patria....
porque después de tantas batallas y guerras paliadas
sé cuanto valgo.

**El espacio en mi cabeza**

Por el otro lado estás tú. Te veo ahí pero es como si no estuvieses. Decidí alejarme por el bien de mi corazón; está asqueado de latir por corazones que no se inmutan ni un segundo a su sentir.

Me pregunto por qué la gente es así, por qué somos así, por qué tenemos que buscar donde no hay, por qué tenemos que poner donde nunca ha habido, no es justo porque al final se termina siempre sufriendo a causa de esto.

Mira a ti te hablo, ven escudriña cada letra mía, detrás de cada coma hay un suspiro de angustia. Detrás de cada palabra hay una lágrima y detrás de cada corazón hay un alma con sed como la mía. Mis pulmones están cansados de respirar, sienten una herida de muerte, el aire se escapa por los rincones y lo deja todo sin vida.

Solo sé decir lo que siento cuando escribo, espero no hacerte daño con esto, pero en un mundo donde todos juzgan, prefiero desahogarme en forma de versos. Todo estaba tranquilo, pero la calma se fue, alguien se la llevó y ahora solo por mis alrededores hay daño, destrucción y por segundos reconstrucción.

Tengo curiosidad de saber a donde todo esto irá a dar, la gente no puede vivir en lo oscuro por siempre.

Mírame, tú sabes que soy fuerte porque me creaste, tú me hiciste, en mí depositaste tu aliento.

Ayúdame, no me abandones. En mi corazón hay una mar de aguas violentas a punto de salirse de su caudal.

Todo esto me ha cambiado la vida, sé que hay dentro de mí una herida que me ha robado la alegría, pero tú eres el dador de vida, dame lo que alguien un día se llevó diciendo que regresaría, que volvería. Te extraño, sí te extraño, por segundos siento que te amo y te extraño, pero según la gente todo es producto de mi mente.

**(20)**

El dolor ha dejado en mí
la marca de su falta de compasión,
pero a pesar de todo eso nunca
he dudado a la hora de amar.
No juzgo al futuro por el pasado,
porque el nombre lo dice "pasado",
no tiene porqué ser recordado.
Yo solo quiero vivir, quiero
levantarme y que el sol me sonría,
acostarme y que la luna me duerma,
que las estrellas velen mi sueño y
en la madrugada tu recuerdo
plasmado en mi cerebro me dé un beso.
Sé que Dios tiene una foto tuya
y mía en su mente,
bien cerca de su consciente
y cada vez que la mira hace lo imposible,
para poner tu vida al lado de la mía.
Él también conspira,
Él quiere lo que yo quiero,
bueno, lo que tú y yo queremos.

**No me lo puedo explicar**

¿Por qué la gente tiene la manía de opinar sin ponerse en lugar de los demás y saber que sienten? Solo yo sé que tanto aprietan mis zapatos, solo yo sé que tan profundo es mi llanto.

¿Dónde estás tú en momentos cómo estos en los que solo Dios entiende, porque él lo sabe todo?
En momentos como estos solo un signo de interrogación me acompaña. Son tantas cosas que bailan en mi mente, me siento como en una revolución, mis pensamientos han tomado por completo mi ser, y mi mente maquina a millas de por segundos.

En momentos como estos, en los que mi ser se contrista, en los que la gente habla y opina, en los que la gente juzga. En momentos como estos, en los que solo yo sé lo que he sufrido. En momentos como estos, en los que ciertamente amar duele, en los que tú no estás porque nunca has estado. En momentos como estos, en los que tu imagen está plasmada con tinta indeleble en mi subconsciente, quiero que sepas que a veces es difícil cuando no estás, pero es más difícil cuando estás y mi alma quiere hablar.

**(21)**

No me da pena decir que los
decibeles de mi alegría
dependen de tus ondas sonoras
propagadas en el espacio.
Acaríciame el tímpano
con el timbre de tu voz.
Estimula los órganos
de mi audición.
Provoca en mí miles
de procesos fisiológicos.
Baña mis atardeceres,
donde no hay luz,
donde no hay color,
ahí mismo bésame.
Hazme vibrar.

**Adiós**

He decidido abandonarte. Tienes razón. Ya no soy la misma. Ya no eres tú el de antes. Alguien te clavó y te sacó el corazón con un ancla de acero. Tengo que marcharme, si me quedo me matas, si me matas no te pienso. Me voy, pero no voy a olvidarte. Te quiero recordar por siempre, pero en la distancia, es que cuando me miras se me derrite el alma.

Esta es una despedida, pero no como la de aquel día porque esta vez no regresaré. Sé que te acuerdas porque según tú ese día me llevé todo lo que tenías. Debo de caminar en dirección contraria a la tuya, me duele que ya no me amas, que no me busques, que me maltraten tus palabras.

Tengo que alejarme, crees que soy tu enemigo cuando lo único que busco es amarte. Ya no me tocas, no anhelas el roce de mi boca. No sé que te hice, sé que estás herido pero no soy la causante de tus recientes cicatrices. Me marcho, no puedo con la incertidumbre causada por tus misterios.

Prefiero retirarme antes de cansarme de esperar, no sé cuando vas a reaccionar. Tus rechazos traen dudas que causan piquetes en los ojos y en el alma. Esta inseguridad me causa un nudo en la garganta, por instantes me quiero desahogar pero luego me quedo sin palabras.

¿Aún no me he ido, pero dónde estás que ya no te oigo? Son mudos tus pasos, y llevan anestesia tus intenciones. ¿Para qué me quedo si me ignoras?
Te deseo buena suerte.

**(22)**

Ahora mi corazón no siente,
ya no te siente,
se miente así mismo
y mi alma sangre derrama.
Heridas que ya hacía cerradas,
tu mirada penetrante desgarró
lo que el tiempo había sanado...
silencio que todo lo habla,
pide aprender a escuchar esas palabras
que salen del alma,
que a unos hacen amar y a otros odiar.
Cuando al final del tiempo
aparezca la cantidad
de momentos desperdiciados,
pide a la luna que te muestre
las memorias de momentos pasados.
Dice mi alma
que no hay nada que le duela
más al corazón que el amor,
que no hay nada que
nos acerque más al amor que el dolor.
Cuando tu lagrimal se incite
por recordar fotos en tu inconsciente,
marcadas y ciertamente guardadas,
en el cielo solo quedará el sol
y en mi alma una herida ya cicatrizada.

**Lo que nunca he podido decir (6 de septiembre del 2015):** *parte 1*

Hoy mientras leía, durante un momento de desconcentración pensé nuevamente en ti.

Hoy ya casi es un año que no estás y me pasan por la cabeza todas esas cosas que nunca te dije.

Si supieras cómo ha cambiado todo, estarías tan orgulloso de mí. Si pudiera aunque sea por un minuto llamarte y decirte que aún no te he olvidado, que cuando te pienso se me encoge el corazón, se me eriza la piel y se me aguan los ojos.

Si pudiera acércame a ti y mirar lo más profundo de tu ser y poder decirte que no me arrepiento de lo que hice, pero que aún no puedo creer como dos personas que se amaban más allá de ellos mismo, hoy dos extraños no tienen comparación con ellos.

Mientras escribo todo esto, solo se me ocurre pensar cómo a pesar de tanto tiempo no consigo arrancarte del alma.

Aún tengo grabado en las venas esa sensación extraña que me daba cuando nos volvíamos a encontrar después de cada cierto tiempo, cuando me veías a los ojos y me hablabas con la mirada y me hacías entender que no importaba ni el tiempo, ni las situaciones, ni las circunstancias, me decías que siempre sería tu niña más allá de las cosas que yo pudiese entender.

Sé que si en estos momentos brillas por tu ausencia es porque yo tomé esa decisión, pero si tan solo por un segundo te pusieras en mi lugar, como en muchas otras veces, pudieras entender que se me hacía muy difícil estar en la situación en la que me encontraba.

Sé que nunca me perdonarás el momento final, pero yo tampoco te podré perdonar que me alejaste abruptamente, que sabiendo que eres una parte inmensa de mí me negaste tu presencia, me negaste tu amistad.

**(Este es especial)**

Contigo prefiero ochenta espontáneos,
que uno para pasar el rato.
Cualquiera te hace café,
ven que yo te hago el amor.

## Lo que nunca he podido decir (6 de septiembre del 2015): *parte 2*

Nunca te podrías imaginar cuanto te extraño, cuanto te amo, que a pesar de que hoy no estás, siempre te llevo presente, siempre me acuerdo de nuestras conversaciones, de la manera en la que nos conocimos.

Es como si una fuerza extraña te puso en mi camino; a pesar de los años y de la distancia nuestro amor siempre se mantuvo intacto. Lo nuestro era más que de lo que tú y yo nos imaginábamos. Entre tú y yo había conexión.

No me mal intérpretes. Sé que cometí muchos errores contigo, que si tal vez hoy no estás conmigo es porque yo con mis acciones te alejé. A veces me pregunto qué sería de mi vida si no me hubiese ido, dónde estaríamos nosotros si hubiese tenido más paciencia. No te imaginas como me carcomen el cerebro todas esas dudas.

La mayor parte del tiempo intento convencerme de que hice lo correcto, de que hay algo mejor para mí, que todo pasa por algo, pero en situaciones como la de hoy, ninguna de esas excusas funciona.

A veces pienso que ya no tengo solución. No te imaginas cuanto te necesito, que vulnerable estoy, qué sola y culpable me siento. Culpable porque por primera vez después de casi ocho años, me abres tu alma y tu corazón, y lo único que te pude dar fue una triste decepción.

Te fallé, me fallé a mí misma, me fallaste, nos fallamos. No supe, ni supimos ver que tan grande era esto.

¡Qué insensata fui al no poder reconocer que tenía un ser maravilloso a mi lado! Eres y siempre serás para mí un amor inmortal.

Duele que tarde me di cuenta que eso que con tantas ansias buscaba siempre estuvo a mi lado pidiendo a gritos que le diera y me diera la oportunidad de convertirlo en algo más, de darnos la oportunidad de sentir más allá de nosotros mismos, de explorar facetas del amor que pocos conocen, de conocernos, de escudriñarnos, y de volver a sentir, sentir y sentir, hasta que seamos capaces de cerrar nuestros ojos, disfrutar el silencio y sentir eso extraño que se siente cuando alguien te siente, sin mirarte, sin tocarte.

**(23)**

Respiro aire mientras sobrevivo
y me miento pensando que vivo.
Aire, para engañarme
y pensar que existo
y que no soy simplemente
un producto de lo que se dice
y lo que se calla.
Lo que está en silencio,
lo que está presente
y lo que se olvida.
Aire, desde el primer momento,
desde el primer aliento,
sin saber lo que era,
luchando por mi vida.
Aire, que inhalo y exhalo,
pasa por mis pulmones
con ligera arrogancia,
porque entienden que
de su función depende de mi vida.

## 10 de abril del 2016

Te extraño, como si fuese ayer, como si fuese hoy el primer día. En momentos como estos en los que la Soledad me abraza, se me hace tan difícil pensar que fuera de ti y de mí si ese día no hubiese tomado la decisión de alejarme para siempre.

Hace ya tanto tiempo, y aún recuerdo tus ojos, tu mirada. Aún recuerdo que dijiste que te miraba como si no te fuese a volver a ver, qué ironía, quién te iba a decir que esa sería nuestra última vez. Ahora me haces tanta falta, sé que lo que hice estuvo bien pero nunca en la vida me he arrepentido tanto de algo.

Me haces falta, mis neuronas te anhelan, mis segundos te piensan al pasar de cada uno de ellos.

Si tan solo se me otorgase la oportunidad de hacer las cosas de manera diferente, aún estaría contigo. Es duro de entender como un amor como el nuestro que superó tanto hoy ya solo sea recuerdos.

Tu presencia en mi vida en estos momentos es de suma importancia. Hace falta tu aire para darle sentido a las cosas, hacen falta tus consejos, tu carácter, tu confianza en mí, haces falta tú. Y no estás, y nunca más estarás. Ya no existes tú, ya no existimos.

Noches como estas en las que es imposible contener las lágrimas que salen de mis ojos, y que mi estomago se vuelve un etcétera al escuchar mi corazón estremecerse. A pesar de los años me dueles, aún te llevo bien adentro hasta los huesos.

Aún te amo. Aún te quiero como el primer día, como la última vez. Desde la última vez que te vi siento que algo dentro de mí pereció. Desde ese instante nada es lo mismo nada es igual. Morí por dentro y aunque aún esté aparentemente viva no hay un instante en el que no piense en ti y en lo que pudo haber sido lo nuestro.

Nuestro amor era genuino, desinteresado, honesto, especial, lleno de conexión. Nuestro amor era único y debió haber sido eterno, nunca debió de acabar, porque yo te amaba y tú por mí hubieses sacrificado lo que sea. Entre nosotros no habían exigencias absurdas, el perdón siempre estaba a flor de piel, nos entendíamos. Nos motivábamos el uno al otro, dábamos siempre lo mejor. Y ahora no estás y me muero.

Lo nuestro era algo de otro mundo. De esos amores que ya no se ven porque no existen. Si estuvieses aquí estarías tan orgulloso de mí y todo lo que he logrado.

**(24)**

El cuerpo es saciable,
el alma siempre insatisfecha,
difícil de complacer.
Con aires de princesa,
un poco caprichosa.

**Dilo con palabras**

Es difícil explicar lo que siento en estos momentos. Es un poco más complicado descifrar mi pensar. Día a día voy comprendiendo más cosas y me voy confundiendo en otras. No sé qué pasa, pido cosas que no puedo ni manejar, y después me quejo porque no las tengo, pero no es todo más que culpa mía por no saber lidiar con mis emociones.

Todo es tan ilógico, no sé cómo me siento, no sé si sentirme bien o mal, si reír o gritar, si preguntar o callar. Solo sé que me emociono cuando te veo, que empiezo a temblar. Siento como la piel se me eriza, y como se me olvida disimular. Viniste sin avisar desde lejos y como globos me inflaste los sentimientos. Ahora no sé qué hacer con todo esto, si tú no hablas y yo siempre callo.

Sería tan lindo tú y yo, no me da la mente pero de vez en cuando me lo imagino, y siento como que vuelo a otra dimensión, como si fuese un hechizo. Sería bueno sentir que me ahogo porque me falta tu aire, sería bueno sentir que te acercas porque mi corazón palpita más de lo frecuente.

Tu actitud me confunde, pero a la vez me encanta porque me doy cuenta de lo fuerte que eres y eso me hace admirarte más. Solo pido que yo me pueda acoplar y estar siempre atrás como los pollitos detrás de la gallina.

¿Cómo llegaste a mi vida? no sé. Solo sé que estoy siendo más precavida de la cuenta, no estoy para que mi corazón me reclame otra pérdida más. Me rehusó a la idea de luchar y sufrir por amor una vez más.

Ciertamente eres una guerra que quiero ganar, pero necesito que tú luches por mí, que me ames como yo he amado y que sudes como yo he sudado. No pido más por menos, solo te pido que me des un poco de lo que he perdido y que por años he deseado pero nunca he tenido.

Deseo con todas mis fuerzas eso de experimentar amar al que me ama y no a un soldado sin trabajo porque he peleado la batalla de ambos lados.

Soy feliz, ante el amor nunca he perdido. He tenido mis altas y bajas, pero me he atrevido, sin tener la certeza de que me responderán o me mirarán.
¡Nací para amar, mi corazón lo dice así!
He perdido mucho tiempo, lágrimas, y pensamientos intentando buscar lo que a mí no me buscaba.

¡Necesito que me quieras! Entiéndelo no sé qué se siente. Si a veces actuó como tonta discúlpame pero es que a veces ni yo misma puedo con mis mil y una inmadureces. Me hace falta mirarte a los ojos y desearte, desear que la Luna nos mire y se vuelva eterna al ver que peleo con el tiempo para que se detenga y poder servirte con amor la noche entera.

Mírame, soy esa que siempre buscabas. Me has encontrado, ahora solo te pido que le digas al creador como lidiar con todo esto porque siento que es mucho para mí procesar.

**(25)**

Eres la causa de mi inestabilidad emocional.
Me derrito al timbre de comando de tu voz.
Has hecho que mis emociones
se conviertan en mi debilidad principal.
Estoy en el lugar perfecto
para que me aplastes o me ames,
para yo quemarte o alumbrarte.
Me tienes en tus manos.

**Verano**

Ese momento en cual crees que lo has ganado todo, y no has ganado nada. En el cuál crees que lo has conseguido todo y no has conseguido nada.

El momento cuando crees que has olvidado y no has olvidado nada, porque tienes cada recuerdo latente en tu memoria como si el tiempo se hubiese paralizado y nada se ha movido de lugar.

Ese preciso instante en que crees que ya no sientes nada y te das cuenta que sientes lo mismo o tal vez un poco más.

Ese momento en que te das cuenta de que estás a punto de cometer el que podría ser el peor disparate de tu vida, y no te detienes a pensarlo ni un segundo porque como siempre crees que has ganado, lo has conseguido, has olvidado y que ya no sientes nada.

Ese momento en el cual no crees que estés a punto de cometer un error, aunque tu subconsciente te este enviando señales frecuentes de que estás a un paso de cavar tu propia tumba, y sigues adelante, con tu plan en marcha. Siempre con la mentalidad de que has ganado, conseguido, olvidado y que ya no sientes nada.

Ese preciso instante en el cual dudas, porque puedes lograr o perderlo todo en cuestión de segundos, porque has puesto en juego tu dignidad, tu paz, tu verdad, tu seguridad.

Este preciso instante en el cual pienso si quedarme o si marcharme, si darte la oportunidad, o retirarme sin pensar nada más, sin escuchar, sin opinar, porque como siempre sigo creyendo que he ganado, conseguido, olvidado, y que ya no siento nada más.

## (26)

Si amar duele, estoy dispuesta a llorar,
de cualquier manera estoy acostumbrada ya,
una lágrima más por ti no me va a matar.
Que sin dolor no eres feliz,
que si duele tal vez no sea amor.
Mira mi alma y date cuenta que estoy dispuesta a sufrir.
Y tal vez no sea amor, pero no me importa,
hay riesgos que valen la pena,
y tú eres uno de ellos.
Como los héroes anónimos;
como las mujeres por sus maridos en guerra;
por las madres, por sus hijos perdidos;
por un pueblo inmerecido como lo hizo Cristo.
Pero para terminar solo quiero que sepas,
que si que tengo que esperar...

Pues, esperemos.

**Hablando con el peligro**

Nunca lo dejaré por ti.
Nunca lo cambiaré,
nunca lo reemplazaré contigo
o con alguien más.
Pero hombre,
tus ojos me tienen enganchada;
tu lenguaje corporal, tu ritmo.
Quiero perderme en tus pensamientos.
Estoy drogada, sumergida.
Hablé con él anoche noche,
le conté de nuestras conversaciones secretas.

Le expliqué que aunque nunca lo dejaría,
sigo contemplando
la idea de dedicarme a una persona
por el resto de mi vida.
Le dije que es todo lo que tengo,
que él me trae paz,
que él es mi futuro,
pero que lo que
está pasando contigo es salvaje
y me hace sentir viva.

Sé que está mal,
pero tengo tanto tiempo sin jugar con fuego
que no me importa quemarme.
Estoy en lo profundo y no me puedo devolver.
Te lo prometo,
mis sentimientos por él nunca cambiarán.
No tengo nada si él no está,
pero estoy dispuesta a bailar contigo,
incluso si eso significa arriesgar tanto
en el nombre de la lujuria.

**(27)**

Miserable es aquel corazón
que no sea capaz de sentir
y expresar amor y alegrías.
Detestable aquel corazón
que no procese
sentimientos como el miedo,
la confusión y el dolor.
Pobre de aquel hombre que posea
dentro de él un alma vacía
y un corazón sin latidos.
Dios tenga piedad de aquel ser
que no sea poseedor
de emoción alguna dentro de él.

**Ajustes**

Pienso a veces que nadie sabe lo que pasa por más que intente explicarlo. He dedicado mi corta vida a dar mi corazón al mejor postor, solo con la intención de recibir caricias y palabras falsas que embriaguen mi alma y que le hagan bien a mi corazón.

Vuelvo y pienso.
¿Qué sería capaz de ser alguien por amor?

Yo por amor he sido capaz de viajar a la luna solo por dormir a la luz de las estrellas, he caminado por el fuego descalza, he creído, he confiado, lo he dado todo, y creo que ese, ha sido mi fracaso. Darlo todo, darme por completo incluso a aquellos que a mí no me han dado nada. He sido valiente, incluso cuando han fallado, porque me he arriesgado a seguirle el juego al amor.

Yo siempre he sido la que ama, la que amó,
y la que siempre amará.

El que no ama está vacío, tiene miedo y vive sin sentido. En ocasiones hasta yo dudo, son tantas las heridas que tienen mi corazón a causa del juego ruso del amor. A veces creo que no tengo fuerzas para entregarme otra vez, a veces me da temor, no porque pierda, porque el amor aunque falle, siempre nos deja.

Trate de explicarles, de contarles, pero nadie entendió. ¿Por qué nadie entiende? ¿Por qué me sumerjo en el juego del amor a que todos huyen? Lo que hago es más cuestión de valentía que de fe.

Hay personas que tienen que besar más de un sapo para encontrar su príncipe azul, por eso yo, de una manera u otra siempre termino inmersa en el océano buscado, tratando, intentándolo. Si solo pudieran entender, que no quiero un cuerpo en la cama para que solo busque llegar al punto más intenso por un momento.

Quiero un mar de éxtasis continuo, quiero sentir que mi corazón siempre está a punto de estallar. No quiero un cuerpo de carne y hueso que solo quiera lo que conmigo todos quieren.

¿Acaso es tan difícil pedir ser amada?

No estoy pidiendo algo que no doy. Ya mencioné que mi problema es darme por completo. Y aquí estoy, sola otra vez, porque el extraño aquel no era para mí, aunque vi en su mirada ganas de querer seducirme a pesar de que su alma ya tiene compañía.

**(28)**

Me repetiste tantas veces
que de ti no esperara
y no me ilusionara,
que termine por hacerte caso.
Seguí viviendo pero
cuando se trataba de ti
no esperaba nada,
no asumía nada,
aprendí a no decir nada.

## LA TRAGEDIA (1)

Hoy escribo por muchas razones, dentro de ellas la falta de sueño que provoca tu ausencia.
Porque llegaste, me marcaste y te fuiste sin saber que dejaste en mí un verso triste.
Llegaste, y sin mi autorización todo cambiaste.

Me enseñaste muchas cosas excepto a no extrañarte, a no desearte. Cambiaste hasta mi hora de sueño, me hipnotizaste con palabras que pierden su valor a falta de un verbo que les de sentido. Lentamente me recupero. Nunca me había sucedido esto, no estoy acostumbrada a darme en un instante por completo, y sin nada a cambio.

Hoy escribo por muchas razones, dentro de ellas tu ausencia en mis noches, en noches como estas en las que una llamada tuya podría cambiar el tono amargo de este verso.

## LA TRAGEDIA (2)

Quedé vacía, hasta el dolor me salió corriendo. Fue tanto llorar, tanto sufrimiento, buscar sin parar respuestas a todas esas preguntas que llevaba por dentro. Aún no lo creo, no estás aquí, ya no sé qué creer ni qué sentir. Fue tan hermoso lo que a tu lado viví, nadie nunca me había tratado así.

Nunca podría describir que tan increíble fue conocerte, y a mi lado tenerte, todo sucedió tan rápido entre nosotros. No me detuve ni un momento a dudar en lo que sentíamos, porque se percibía tan verdadero, se sentía tan correcto que todavía puedo cerrar mis ojos y sentir tus sentidos infiltrando mi cerebro. Lo nuestro, sí lo nuestro, porque entre nosotros hubo algo difícil de explicar y era mejor así porque nadie nunca hubiese podido entenderlo o creerlo.

Diría que fue algo así como brindarle un último instante de alegría a un moribundo, donar córneas a un ciego, techo a un desamparado y en mi caso fue como si le hubiesen donado un corazón a un desahuciado. Me salvaste, sí me salvaste, me resucitaste, llenaste todo lo que estaba vacío, ¡me transformaste!

Y ahora no estás, y a pesar de la distancia aún te pienso, y cómo no hacerlo si cada segundo a tu lado fue perfectamente imperfecto.

## LA TRAGEDIA (3)

¿Quién diría, que con el tiempo me acostumbraría hasta a tu silencio? Ya estoy cansada de lamentarme y de vivir en un pasado que lamentablemente no volverá. Necesito salir del abismo donde tu ausencia me dejó. Sí, salir, explorar, conocer, reinventarme, inventarme, no volver a ser quien era, pero sí una mejor versión de lo que dejaste.

Quiero vivir, quiero volver a sonreír, no quiero seguir fingiendo un estado de ánimo que no siento. Me estoy haciendo daño y con mi melancolía estoy alejando a los pocos que me quedan.

Sí, te amé, y tal vez te sigo amando, con una intensidad que no sabía que dentro de mí existía.

Y no me arrepiento de haberte conocido, pero ha llegado la hora de asumir que ya no estás junto a mí, que las noches volverán a ser frías y que las 2 a.m. tienen que encontrar un nuevo sentido.

A veces los pensamientos me traicionan, de la misma manera en la cual pienso que me traicionaste tú, al no pensar en mí, al olvidarte que hubo una demente que de ti se enamoró, para la cual fuiste más que un simple ser humano y que llegaste a significar algo más de lo que algún día pudiste significar para alguien. Me pregunto si tu circunstancia fuese otra, en que parte del espacio estaríamos andando.

Me abandonaste, incluso cuando yo estaba determinada a abandonarme a mí misma para poder encontrarte. Sé que esto no es nada fácil, pero nadie se ha sentado a contemplar la idea de que para mí tampoco lo es.

Nadie ha tenido compasión de esta tonta que en algún momento de su vida le concedió el beneficio de la duda a cualquier historia que pudiste componer. Si nunca te vuelvo a ver y llegas a leer esto quiero sepas que fuiste de lo mejorcito que por mi vida pasó...

## LA TRAGEDIA (4) - *No hay agua en Mayo*

Hoy tengo una mezcla de sentimientos merodeando mi alma, queriendo abrazarme el corazón y hundirme en la nostalgia, y la melancolía.

¿Qué siento?
No sé, por momentos todo lo que veo es una gran neblina en forma de signos de interrogación. Tengo la impresión que el barco está a punto de encallar y no puedo hacer nada, ya no tengo fuerzas. Me he pasado la vida entera luchando tan fuerte en contra de la corriente, tratando de controlarlo todo, incluso el tiempo.

¿Quién soy yo? No conozco esto en lo lentamente me he convertido. Pero sé que el dolor, la soledad, y la decepción se han encargado de crear un monstruo dentro de mí que está a punto de levantarse y destruir todo lo bueno que puede quedar dentro de mí, incluyendo los pocos que quedan junto a mí.

Siento las manos de la amargura tratando de seducirme, de penetrar mis venas y anestesiarme lentamente hasta tomar el control completo de mis emociones. No quiero que esto suceda, pero en estos momentos la fuerza de voluntad que me caracterizaba para salir de este tipo de situaciones se ha mudado de casa y solo queda un vacío que se acopla fácilmente a mi estado emocional presente.

## LA TRAGEDIA (5)

¿Ser o no ser? Creo que eso escuché que dijo alguien alguna vez. Aquí estoy yo sin saber si soy, fui, o seré. Pero en lo que resuelve el caso aquí me ves, tratando de organizar el caos que dejaste dentro de mí, de limpiar las heridas causadas por tu silencio. Tratando de anestesiar el dolor que dejaron tu falsedad y tu hipocresía, tratando fuertemente de eliminar tu memoria de la mía. Intentando callar esa voz dentro de mí que está hambrienta de respuestas y que busca entender el porqué de toda esta tragedia.

Aquí sigo tratando de recoger los pedazos que quedaron de mí, de organizar las piezas, de limpiar los escombros. Aquí estoy buscando poner todo en orden. Dándome cuenta una vez más que el tiempo no se detiene ni siquiera a vernos sufrir, que el mundo sigue girando, así seamos capaces o no de superar la prueba, de ponernos de pie y seguir el camino. Mírame, estoy de pie a pesar de no tener fuerzas, de estar confundida, mentalmente agotada, exhausta, sin valor, sin paz, con un miedo terrible a volver a confiar, con fobia a las mentiras, sin dignidad, porque entraste hasta lo más íntimo de mí y acabaste con todo lo que había.

Y sigo aquí, pensando, intentando entender cuál era la necesidad de matarme, de dejarme a oscuras, seca por dentro, en incertidumbre y con miles de preguntas, cuestionando mi existencia, que si soy, fui o seré o de qué pasará si algún día te vuelvo a ver.

**(29)**

¿Qué sucede si me fumo
los recuerdos que dejaste,
y se consume con el tiempo
tu memoria en mi vida?
¿Se volverán a blanco y
negro los recuerdos?
¿Se volverán cenizas los besos
que nos dimos,
las noches que compartimos,
y las horas que nos entregamos?
¿Si perdemos esa habilidad
innata que tenemos
para paralizar el tiempo y
vencerlo, dime tú que nos queda,
si se quema en el fuego nuestra esencia,
si perdemos nuestra historia?

**Tragedia no superada**

Por instantes no sé qué decir, me pasan muchas cosas por la memoria y no sé como sentirme. Es todo tan extraño, ya no estás, pero yo sigo aquí presente y nada se detiene, todo mantiene su curso, pero tú no estás y en el aire se siente tu ausencia, es tan fuerte en mi vida tu presencia.

¿Por qué me dejaste aquí?
Como en el olvido, estancada y sola con mis pensamientos.
Llegaste, me marcaste y luego te marchaste.

Te extraño tanto, eres el número uno de mis diez pensamientos. Eres eso que se quiere, que se anhela, que se desea pero que una vez conseguido se pierde. Eres mi coincidencia más hermosa, el segundo más acertado, el momento justo, la hora adecuada, la persona indicada. Eres, porque sigues siendo a pesar de ya no estar, porque eres muy imposible de olvidar.

Tu poderoso silencio me ha ido carcomiendo por dentro, ya no soy yo, ni seré la misma después de esto. Tu mirada se robó la mía y penetró mi interior por completo y ya no me pertenezco, ya no te pertenezco.

Me has dejado en el aire, con la palabra en la boca, con preguntas que no encuentran respuestas, escudriñando razones en lo más profundo de mi ser, con memorias y recuerdos que sin ti a mi lado no tienen sentido.

¿A esto que siento solo tú le das significado, dónde estás? Necesito de tus acentos para pronunciar como es debido que te has marchado, que tal vez me piensas, que tal vez me estás pensando, que tus madrugadas sin mí son como un balazo a quemarropa, silenciosas y a la vez dolorosas.

¿Díme?
¿Te sientes cómo yo me siento?

Porque a mí el mundo se me ha caído por completo, y no me quejo, Dios sigue presente, sigo respirando y mi corazón palpitando, sangre bombeando, pero las nubes siguen grises, el paisaje un tanto nublado y tú no estás.

¿Qué sientes? No quiero ser yo la única loca incoherente, dime si a ti también te afecta no tenerme cerca y presente en tu vida.

Díme, ¿por qué este abril catorce sin ti es un tanto diferente?

**(30)**

¿Por qué sigues corriendo a una casa
que nunca te ha acomodado?
¿Por qué aún tienes la esperanza mínima de
retornar a una casa que te dejó a la intemperie
con la simple brisa de un huracán?
¿Por qué insistes en añorar un hogar
que te movió el epicentro
a causa de una simple agitación sísmica?
No sé porque aún piensas en
buscar el abrigo de quien te dio la espalda
en tiempos de frentes fríos,
de quien intento robarte tu luz
para imponerte sus tormentas eléctricas.
No te das cuenta que tu casa
no es donde duermes si no donde sale el sol,
que quien causó tsunamis en tu océano
no merece tu corazón.
¿Por qué correr a una casa derrumbada
por una inundación
de palabras tachadas por hechos que
clavan el alma y causan tornados a su alrededor?

**Detente**

Mis poemas no hablarán más sobre ti. Tal vez porque ya no existes. Tal vez porque no te veo, ni te siento. Mis poemas no hablarán más sobre ti.
Tu maldita presión psicológica me tienen los nervios periféricos distorsionados, causando interrupción en la comunicación de mi cabeza con el resto de mi cuerpo.

Tus palabras me trastornan, padezco de Guillain-Barré. Dificultas las señales, bloqueas mi percepción, siento un hormigueo, mis músculos no responden a los ataques de tu cerebro. Me has paralizado hasta las palabras. Te di mucho poder sobre mi vida, y me quedé sin habla. Me anulas como un cero. Mis poemas no hablarán más sobre ti, me he quedado sin voz. ¿Acaso no has aprendido que la inteligencia es gemela del silencio?

Tienes un poder extraordinario sobre mí, ya no puedo vivir así. Mis poemas no hablarán más sobre ti. Es mejor callar cuando no hay nada mejor que decir. Ya no tengo miedo. Entiendo que si te vas, es porque nunca debiste estar.

**(31)**

Cuando no estás cerca,
recordarte duele.
Vivir sin ti es tomar una
dosis de toxina botulínica.
Es necesario amarte para sobrevivir.
No es que me conforme con poco,
es que solo necesito lo que tú me das.
Hay males que son obligatorios.

**Prueba superada**

Yo te quise bonito, tan bonito que a pesar de las circunstancias volvería a vivir lo mismo sin dudar. Si pudiera te daría mi corazón para que por un instante me sientas como yo te siento. Si tan solo por un segundo apreciaras mi presencia, mi amor, mi intensidad, pudieras ver y entender porque sería capaz de ir más allá de lo que cualquier otra persona te pueda dar.

Creo que mi gran error fue querer forzar las cosas contigo, no dejar que las cosas fluyeran de manera natural. Pero es que a veces le temo al tiempo porque es un monstruo que no se detiene, ni demuestra pena ante nada y nadie. Sé que ya no eres para mí, pero es tan fuerte tu presencia en mi vida que es imposible borrar de mi mente lo que algún día viví y sentí a tu lado.

Sabes, te extraño. Despertar a tu lado, tus caricias, tus besos en lugares ni pensados. Tu forma egoísta de provocar y saciar al mismo tiempo. Tal vez no tengas ni la más remota idea de lo que causaste en mí. Me marcaste. Me gusta tener la ilusión que si lo supieras ya no estarías por ahí buscando y estarías a mi lado.

En ocasiones me pregunto qué fue lo que en realidad sucedió. Me pongo a pensar que si me hubieses querido como decías, me hubieses buscado al momento de tu salida. Obviamente no lo hiciste, me dejaste sola con mi dolor, con mis sentimientos al borde, con miles de preguntas.

Preferiste ir a buscar amor a otra parte. No regresaste, no te arriesgaste, por ahí te quedaste. Me dejaste. Por ahí sigues, solo, tratando de encontrar quien te ame y a quien amar.
Y yo sigo aquí con toda esta lava por dentro; con deseos de cuidarte, de pasarme la noche entera observándote sin tocarte, buscando mirar tus ojos cerrados, buscando no poseerte completamente. ¿Por qué sigues buscando,
si tú hace mucho que ya me encontraste?

Pasaste por mi vida, pero yo no pasé por la tuya, no te dio la gana de percibir mi luz, porque siempre estuve ahí brillando y tú ahí ausente pero en cuerpo presente. No estás listo, y nunca estarás preparado para que alguien se entregue a ti con la energía que solo yo en ese momento pude hacerlo. Te estoy hablando a ti. A él que me tuvo a su lado y no pudo valorar lo que yo con las manos limpias y el corazón abierto le dí.

**(32)**

Me rehúso.
Deberías ser tú sentado ahí.
¿Dónde estás?
¿Acaso ya me olvidaste?
¿Por qué no estás?
¿Quién te dio permiso para alejarte
y de tu mente borrarme?
Teníamos una complicidad,
algo que parecía que se quedaría por siempre
avanzado y a la vez suspendido en el tiempo.
¡Qué ilógica esta situación!

**Burlados del sistema (22 de noviembre)**

Me encantó volver a verte, pero mejor fue saber que nuestros corazones aún se sienten. Hoy te vi, y te miré con los mismos ojos que me viste la primera vez. Las verdaderas conexiones no son efímeras.

Lo eterno prevalece en el tiempo; así como tú y yo colgados de la aguja de un reloj. El tiempo pasa, todo ha cambiado y tú sigues ahí, congelado.
El tiempo no nos afecta, nos completa.

A lo nuestro nada le ha pasado. Aquí no hay polvo, tela de arañas o sábanas blancas que remover. Seguimos limpios e intactos. Por aquí el almanaque y su furia no han pasado. Nada nos ha podido detener, ni los años, ni la distancia nos han podido vencer, ni la vida, y sus obstáculos, los problemas y las situaciones.

A los procesos y las adversidades se le ha hecho imposible derrumbar la complicidad que existe en nuestro ser. Nosotros vamos más allá de cualquier magnitud física. Somos imposibles de medir, de calcular. Somos seres frisados en el espacio, sin ningún tipo de intervalos a pesar de la longitud de nuestras periódicas lejanías.

En esta máquina del tiempo, los hechos no se alteran si vamos o venimos, si viajamos al pasado o nos adelantamos nuestro destino.

**(33)**

Cuando te dejé,
encontré una parte inmensa de mí
que no podía vivir sin ti,
así que regresé.
¡Qué tonto hubiese sido pensar
que para encontrarme tenía que perderte!
Perderte no es encontrarme,
abandonarte es dejar de quererme.

**Livianamente en diciembre**

Todo lo que necesitamos es una oportunidad, para vivir, para soñar, para dar lo mejor de nosotros, para respirar. Una oportunidad para demostrar que nos equivocamos, que nos dolió, pero que a pesar de los traumas y de las cicatrices hemos sido capaces de levantarnos y de seguir caminando.

Es tanto por lo que hemos pasado, nos han juzgado injustamente, nos han categorizado, robado la moral, nos han maltratado el alma.

Por ejemplo, aquí estoy, que probablemente al igual que muchos también he dañado a otros, he mentido, he traicionado y sin embargo he tenido la valentía y el coraje de echar hacia atrás, no para recordar el pasado, si no para pedir perdón, para pedir una oportunidad y volver al presente y seguir luchando.

¿Cómo he de seguir adelante sabiendo que también he herido?

Solo quiero liberarme de cualquier carga que no me permita seguir hacia adelante. La vida me ha otorgado otra oportunidad y sería muy tonto de mi parte no saber aprovechar el momento que se me ha brindado para hacer las cosas bien.

¿Para qué exigimos tanto?

¿Para qué exigimos respirar cada mañana cuando nos levantamos si no seremos capaces de aprovechar cada instante que el universo y todos sus astros se han complacido en regalarnos? Todo lo que necesitamos es una oportunidad, para vivir, para soñar, para dar lo mejor de nosotros, para respirar y seguir recorriendo esta tierra con pisadas más fuertes y corazones más livianos.

**(34)**

Vuelvo a sonreír.
Tengo una idea más clara
de lo que se siente
cuando alguien te siente.
Hoy muchas cosas
dentro de mí tomaron
de nuevo su curso habitual.
Mis sentimientos, por ejemplo,
han vuelto a adquirir una cierta paz.
La angustia y la incertidumbre
que se paseaba sobre mis hombros
desde hace meses,
han decidido empacar
y se han marchado.
Es algo así como la calma
después del dolor,
la respuesta de Dios a una petición.
Es como perderse y de repente
encontrar el camino.

¡Estoy viva!
Grita una voz a todo pulmón
desde lo más profundo de mi ser.

¡Me he perdonado!

**Último del año**

Paso a desahogarme, aunque sé que todo esto se irá a la mierda desde que me llames. Soy tan agresiva cuando no estás, y me convierto en una tonta, idiota, sensible, sin fuerza y sin voz cuando estás.

Es que hoy me di cuenta cuánto te amo. Es que después de vagar por el mundo me di cuenta de que no existe nadie como tú y a pesar de todos mis errores, espero que no haya sido demasiado tarde para darme cuenta que yo sin ti no existo.

Te amo más allá de mis posibilidades, más allá de mis fuerzas y de mi propio ser. Es que después de tantas heridas, desilusiones y fracasos es difícil pensar que alguien como yo esté apto para amar.

Tengo tulipanes enredados entre los puntos de las heridas formando cicatrices, pero a pesar de tanto olor a flores, a veces reconozco que estoy rota por dentro y que no tengo arreglo. Pero aquí estoy, con el alma al aire, con el corazón a la intemperie, con la sangre a punto de ebullición, sin miedo a congelarme, con deseos de aceptar el riesgo y tomar el reto, buscando olvidarme del dolor y enfocarme en las moralejas.

¡Es que yo a ti te amo!
Y no sé qué más hacer para demostrártelo.
¡Aquí estoy!

Ya será por la culpa de abandonarte o por la certeza de que esta es la vencida y que tengo que intentarlo o me arrepentiré la vida entera. Aquí estoy, a pesar de los malos tratos, de las humillaciones, de las malas formas, de los insultos, de tu recordarme lo sucia y lo pecaminosa que he sido. No sé qué más hacer para demostrarte lo arrepentida que estoy, lo mal que me siento por haberte fallado tantas veces, y de tantas formas. Aquí estoy a pesar de lo tierno y agrio de tu carácter.

Aquí estoy a pesar de que me he preguntado más de una décima vez por qué nunca me buscaste, porque nunca te he visto corriendo detrás de mí. Sé que lo que te hecho no tiene ni forma ni manera de contarse, y que nadie nunca ha escuchado tu versión, pero creo que ver que me recibes con los brazos abiertos cada vez que decido volver, es más satisfactorio que verte embalarte tras mi sombra cada vez que me marcho.

**(35)**

Nuestra historia cabe
en el mismo libro,
en el mismo capítulo,
en las mismas hojas,
en los mismos párrafos,
en los mismos versos,
en la misma oración,
con las mismas letras,
y a toda impresión.

**Primero del año**
Tu historia y la mía apenas empiezan. Es que debes de entender que después de tantos años lo mejor está por suceder. ¿Recuerdas cómo nos
conocimos? Ahora explícame tú cómo es posible que no pase nada más entre dos personas que a pesar del tiempo, la distancia y las vicisitudes de la vida han permanecido colgando de las agujas de un reloj, congeladas entre el tiempo y el espacio esperando el momento oportuno para juntarse y marcar la hora correcta. Somos una teoría científica llena de conceptos, fenómenos y propiedades.

Solo tú y yo somos capaces de entender nuestro proceso, nuestro dolor, nuestro camino. Solo tú y yo sabemos lo que sentimos. Solo tú sabes como se me remueven las vértebras cuando tus ojos se encuentran con mi mirada. Solo tú has sido capaz de ver la magia que hay dentro de mí. Es que si no he sido capaz de bajarte el sol es porque sé que quema y solo yo quiero ser capaz de provocar ese efecto en tu vida.

¡Haz silencio!

Hasta tú tienes miedo de la complicidad existente entre tú y yo. Hasta tú le tienes miedo al potencial de este amor, ¿y sabes qué? eso sí que vale. Comprendo que después de tantas heridas que te hemos causado las situaciones de la vida y yo, a cualquiera se le encoge el corazón cuando le hablan de amor.
Te encargas de desamarrar mis nudos, de desatar mis pequeñas trampas de manipulación tejidas en visión al futuro. Nos estamos burlando de la vida y de sus altas y bajas.

Esto es de verdad, esto es en serio.

Que no estás en invertir y compartir tus sentimientos repites a cada oportunidad. Que no me haga ilusiones, que este es tu peor momento sentimentalmente, que me tienes pena porque me está tocando lo peor de ti, que no somos nada, que cada quien por su lado como en un ring de boxeo. Pero dentro de mí algo dice que solo buscas confundirme porque tienes pánico.

Tú temor no se contagia, tu temor solo me llena de valentía, porque tú solo le temes a lo profundo, tu solo temes a pisar en falso y que se te fracture el tobillo, porque en ellos se apoya toda la fuerza de tu cuerpo, y una pisada en vano puede traer consecuencias sin solución que repercuten toda la vida. Tú solo le temes a tragedias como las que provoca la caída de un caballo.

Sé que alguien como tú que conoce la dimensión de mi intensidad no va a seguirme, no va a entrar en un juego de trucos al azar solo por satisfacer unas ganas. Entre tú y yo hay energía, hay sinergia, existe la cinética. Nuestra química tiene reacción, estamos destinados a ser reactivos que al unirse producen algo mágico, algo único.

**(36)**

Hoy mi corazón está como la noche.
Triste, frío y ciertamente desierto.
Prometo no buscarte más.
Pero por favor no me prohibas pensarte.
Desde hoy solo te acompañaré en sueños.
Me acordaré de ti al ver el cielo.
Te buscaré en la luz de la luna.
En la oscuridad de la noche.
No sentirás mis pasos.
Estaré presente, pero lejos.
Me iré, pero seguirás dentro de mí.

**La culpa**

Espero que no sea tarde para reivindicar todo lo que he hecho. Es que no puedo explicar como tú y yo aún no nos hemos dado cuenta de la magnitud de nuestra historia y lo mucho que vale apostar a ella. Es que estoy aquí para darte hasta lo que no te esperas. Tú eres el único capaz de poner en brío todas mis neuronas en cuestión de segundos, de poner mis sentidos en pausa y a pelearse por querer llamar cada uno tu atención.

¿Hasta cuándo te tengo que pedir perdón?
¿Hasta cuándo me tengo que sentir tan diminuta?
¿Hasta cuándo tengo que dejar que tu voluntad me opaque?

¡Coño!

¿Es que acaso no entiendes que eres lo único que quiero con tantas fuerzas?
Soy capaz de darte el lado izquierdo de mi corazón y si es posible sobrevivir con el resto. Eres como aire en el espacio pleural y soy capaz de dejar que mis pulmones colapsen para que seas tú el que ocupes todo el espacio.
¿Es que querer alcanzarte la luna y todas las galaxias no es suficiente?
¿Díme tú, qué quieres para buscarlo, para viajar a Marte y conseguírtelo?

Cuando tengo frío, ahí está la idea de amarte toda la vida para calentarme el hemisferio norte. Solo espero que no sea muy tarde para lo inevitable y que todo esto que llevo por dentro, buscando a gritos salir, pueda evitar un triste desenlace. Me da pánico pensar que en tu interior no haya nada que se inmute con mi presencia. ¿Quién te crees para poner todo mi universo en pausa? Para hacerme sentir como una hormiga en tiempo de lluvia, para hacerme sentir loca e inservible. Tal vez me fui, pero estoy aquí en el momento en que todos lo que decían quedarse para siempre se marcharon, cuando les fue más conveniente.

Sé que en la vida estás pasando por una mala marea, que las rosas que cuidabas te abrazaron con sus espinas, que los planes te los robó la brisa, que tal vez en este momento no tienes lo que pensabas que poseías, lo que en un futuro esperabas, y que ahora vuelvo yo de la nada con una presión intensa buscando encontrar lo que un día dejé por inmadurez e inseguridad.

Sé el mal que hice, y a causa de este es que me conformo con cualquier migaja que decides compartir conmigo porque de cierta forma entiendo que no puedas darme más. Pero lo que más me enoja es que te entiendo, pero a la misma vez me pregunto qué hago aquí.

**(37)**

Hoy tengo ganas de volar al firmamento,
mi voz tranquila es todo lo que siento.
La nostalgia
y la tristeza recorren mi cuerpo.
La tensión y el dolor están
hospedados en mi corazón.
La alegría ya se fue,
la melancolía ya llegó.
La calma se me va
y lentamente vuelve el dolor.
Miedo al tiempo,
inseguridad al momento.
Me siento tan mal,
que mal me estoy sintiendo.

**Me daré un mejor trato**

Me voy a querer un poquito, porque si no lo hago,
tú mucho menos.

Me voy a querer un poquito, porque si no me matas,
moriré de amor.

Me voy a querer un poquito, porque por más que yo
lo desee no me pintarás en tu horizonte.

Me voy a querer un poquito, porque a veces pienso
que tu corazón no tiene nervios y que eres incapaz de
sentir lo que yo siento por ti.

Me voy a querer un poquito, porque el que espera por
la guerra precavidamente tiene menos muertos y
balas de sobra.

Me voy a querer un poquito, porque aunque soy parte
de tu ayer, y tú de mi hoy, sé que cabe la idea de que
mañana no estaremos.

Me voy a querer un poquito, porque estoy harta de
que me aconsejen que no me deje coger de estúpida.

Me voy a querer un poquito, porque a veces siento
que tu boca ya sabe lo que quiere escuchar mi oído.

Me voy a querer un poquito, porque tus palabras que
antes endulzaban y ahora me amargan. Tus palabras
acariciaban, ahora me arañan el alma.

Me voy a querer un poquito y voy a aprender a
ignorarte tal y como tú lo haces; aunque a ti te hayan

dado un nombre diferente al mío y no seamos iguales.

Me voy a querer un poquito, porque mis impulsos me han flagelado varias veces. Me voy a querer un poquito porque llevo cicatrices que aún duelen en el alma porque siguen fijas en mi memoria.

Me voy a querer un poquito, porque a pesar de los años nunca has estado en condiciones para mí.

Me voy a querer un poquito, porque el día que me rompa y caiga por pedazos en el piso, lo más seguro ni serás recogedor, ni serás escoba, ni pegamento y me dejarás en el suelo.

Me voy a querer un poquito, porque tú me lo advertiste, porque tú me lo dijiste, porque lo pusiste bien claro que conmigo no hay quizás o tal vez.

Me voy a querer un poquito, porque a veces el que crea también destruye.

Me voy a querer, porque es que si no me quiero voy a dejar que me acabes. Me voy a querer, porque ya basta, estoy harta de sentirme culpable.

Me voy a querer, porque tú tienes síndrome de estocolmo y yo no soy doctor.

Me voy a querer, porque si no lo hago me pierdes el respeto.

Me voy a querer, porque tengo el alma en un hilo, con oxígeno, en un coma inducido y si no despierto corro el peligro de no volver a sentir.

Me voy a querer, porque si todavía contemplas la esperanza de regresar con quien te puso casi de rodillas, a mí nada me queda. Me voy a querer un poquito, porque ya que me dijiste que no te quiera, a alguien debo querer. Ya siento que me amo.

**(38)**

Has perdido toda tu esencia....
¿Qué te ha sucedido?
Ya nadie te reconoce.
Te has camuflado
en el molde de los demás.
¿Dónde estás?
Quisiste encajar tanto
que te volviste invisible.
Ahora alguien piensa
por ti y no me gustas así.
Eres como un eco;
débil y confuso.
Ya no reconozco tu voz.
Ahora por instantes intensos
te prefiero callado,
y sin movimiento,
suspendido en el aire.
Ya no aprecio tu presencia,
es que te pareces a cualquiera.
Siento que veo tus pasos repetidos
en cada persona que se me acerca.

**Me da risa su doble moral**

Es difícil de explicar, pero he aquí el detalle de
porqué digo que todos son lo mismo.
 Si me tocas, te toco. Si me llenas, te lleno.

¿Por qué no me dejas intentarlo primero a ver si
reúnes todas mis expectativas?
¿Por qué no mejor dejarle tiempo al tiempo?
¿Por qué no mejor esperar sentir que se siente
cuando alguien te siente? Y cuando hablo de sentir,
me refiero a las almas, que deberían ser desnudadas
antes que el cuerpo.

¿Desde cuándo se convirtió todo esto en una prueba
tan absurda?
¿Cuándo lo sexual y lo íntimo se volvió la llave del
último cielo?
¿Acaso están tan vacías tus neuronas que son
incapaces de permitir que tus pupilas miren más allá
de lo físico?
¿Acaso no eres capaz de distinguir lo pasajero de lo
que es eterno?
¿Acaso no sabes que puedo estremecer toda tu piel
sin necesidad de tocarte, con tan solo observarte?

Porque cuando las almas están conectadas, todo lo
físico baja a un segundo plano.
¿Por qué quieres mi cuerpo, si aún no me has besado
el corazón?
Aún no tengo el estómago lleno de mariposas
danzando, ¿por qué me quieres desvestir?
Acaso no te mostré ya mi cerebro que tanto me ha
costado cultivarlo para que lo encuentres lleno de
plantas hermosas. No te quiero dentro de mí, te

quiero compenetrado conmigo, en una sola mente, un solo pensamiento.
¿Por qué no me miras?
¿Por qué no te das la oportunidad e intentas conocer lo más profundo de mi ser antes que mis partes más íntimas?
¿Por qué tanta velocidad, por qué intentas utilizar métodos que son sólo eficientes a corto plazo?
¿Por qué no te arriesgas y dejas de pensar que el amor es una fantasía?
¿Por qué no dejas de andar de paso como los sin alma por los moteles?

Tienes un miedo inexplicable a sentir cualquier tipo de conexión.
¿Por qué buscas hurgar en mis pantalones si aún no has hurgado mi alma?
¿Por qué no vienes y me sorprendes a pesar de que ya no espero ningún comportamiento diferente al que ya he visto?
¿Por qué mi cuerpo, si aún no has contemplado mi silueta?

Acaso tienes miedo de admitir que lo físico no es tan necesario.  No me malinterpretes, la piel satisface, pero hay cosas que van más allá de lo placentero, así como dos cuerpos fundidos en energía cinética.  He escapado muchas veces con el cuerpo flagelado y el corazón con ganas y sed de ser tocado; porque hay muchos que no se permiten sentir más allá de un orgasmo físico.

**(39)**

Sé que es muy pronto,
que solo han pasado dos días,
pero hay algo en ti que
me llama tanto la atención.
¿Será la manera en la que
ocultas toda tu timidez
y la disfrazas de valor y coraje?
¿Será de la manera en la que me miras?

## Gratitud

Nos hicimos mucho daño. Te aplaudo por intentarlo. Por quererme en mi peor momento, mientras estaba a oscuras, despeinada y desecha. En esos instantes en los que ni yo misma me quería, en los que no apreciaba ni la presencia de mi sombra, cuando lo perdí todo, cuando me volví nada, cuando todo lo que tenía se convirtió en lodo.

Gracias por confiar y llevarme de la mano cuando te dije vamos a tratarlo que de dolor nadie se muere, cuando te dije si no lo intentamos nunca sabremos. Bueno, por lo menos sabemos que nuestras almas no son compatibles, aunque en algún momento nuestro cerebro nos pasó una mala jugada y nos dio a entender que nuestros corazones latían al mismo ritmo.

Gracias por aguantarme, debió de haber sido fatal lidiar con mi océano de sentimientos encontrados y con mi infalible sensibilidad. Yo solo soy para valientes y mientras pudiste te comportaste como todo un héroe.

Hoy no estás y aunque sé que todo sucedió por algo, no paro de pensar en esos momentos en los que todo parecía funcionar, en los que las promesas a una vida eterna no faltaban, en los que se me encogía la vida cuando decías que conmigo hasta al fin solamente.

Sí, fue hasta el fin, pero hasta el fin de tu fuerza, porque me volví pesada y a veces no hay amor que sea capaz de levantar lo que ya se cayó, hay cosas que se vuelven más pesadas que el cemento y en eso nos convertimos tú y yo con el tiempo.

Ladrillos obsoletos y pesados sin intención de permanecer cerca uno del otro. Es que no he tenido cariño más genuino que el tuyo. Tu mirada solo inspira inocencia y cariño puro, de ese que ya no existe.

Gracias por cuidarme, gracias por quererme y admirarme en mi peor momento, porque en las buenas todos quieren, pero en las malas, ahí solo estuviste tú, y tu sinceridad. Gracias por ponerme de primero y hacerte chiquito para que yo pudiese fluir.

**(40)**

Catarsis del pasado,
liberación de mis emociones.
Aún no lo he logrado.
Sigues aquí presente.
¡Qué manera de quererte!
No quiero eliminarte,
borrarte,
olvidarte.
Altérame los nervios,
hazme sentirte lentamente.

**Se siente bien contigo**

En días como hoy siento que sin ti fallezco,
tu voz es un respiro de alivio a mi alma.
Tus palabras son un trampolín de hidrógeno
que navegan a través de mi sangre.
Ver la lluvia caer me transporta a un éxtasis
inexplicable.
Llenas de endorfinas mi casa.

Tu afecto es algo que con el tiempo tengo la certeza que se convertirá en realidad. Cuando estoy lejos el tic tac del reloj enloquece mis sentidos. El palpitar de mi corazón en las horas en las que estás junto a mí no se compara ni a la melodía sinfónica más agradable. Escucho los segundos pasar, pero los ignoro.

Desde que te conocí te has convertido en una necesidad, y aunque no pueda tenerte suspendido en el aire siempre me acompañas, siempre estás presente. Un día inconscientemente te desee sin conocerte y el universo puso en acción su magia para yo tenerte aquí conmigo aunque estés ausente.

**(41)**

Hoy me he roto de nuevo el corazón,
confieso que me ilusioné nuevamente.
No entiendo esa maldita necesidad de
llenarse el corazón de cosas
que no podemos controlar.
¿Pero qué hacemos si así es el amor?
Nada lo ve y todo lo siente.
Hoy he entendido muchas cosas,
por ejemplo,
yo sigo siendo tuya,
pero tú nunca has sido mío.

**22 de enero del 2018**

Es que yo sé que estoy rota...
He perdido muchas cosas y a veces me siento vacía por dentro. ¿Acaso te has preguntado tú porque siempre me voy? ¿Por qué una persona que respira por ti siempre se termina alejando?

¿Es qué no te has dado cuenta que nunca me has dado mi espacio?

Y yo siempre regreso de estúpida esperando que hayas arreglado la casa para mí, y cada vez que vuelvo ni siquiera electricidad hay, solo encuentro un par de brazos abiertos y una boca diciéndome que no me ilusione más, mientras unos ojos y unas acciones me suplican que me quede que soy yo y nadie más. Me has tatuado incógnitas en el alma. Me pides que no sienta culpa, pero me castigan tus palabras, me martillan el alma. Se me dobla en tres el corazón.

Mira, en mí no hay reproches, no hay preguntas huecas que crean un nudo en la garganta. En mí no hay ataques. Yo no poseo misiles. He aprendido a callar. Es que todos me dicen que aprenda a fluir y aquí estoy muda, en total silencio para ti, decida a olvidar hasta lo que no sé.

Hoy vuelvo a sentir ese hielo en mis ojos, siento mis lágrimas pero están paralizadas. Dijiste que en esta vuelta me harías sufrir, ya entiendo lo que querías decir. Lo que siento por ti no es un intercambio, sino un acto de fe.

Me han pasado tantas cosas y no has estado ahí. Tengo miedo de perderte, de que nos demos la espalda nuevamente. No quiero hacerte más historias, quiero que estés presente.

Siento pánico con solo pensar que aquí quedó. Sácame los ojos a ver si alguien se pierde en tu mirada como me pierdo yo. A pocos les importas como me importas a mí, nadie en tu entorno está dispuesto a sacrificar lo que yo por ti.

Tú te preguntarás porque volví de la nada después de tanto tiempo, hoy yo me pregunto lo mismo. Tal vez porque a pesar de la distancia aún siento lo mismo, tal vez porque esto es una prueba aún no superada, tal vez por fe, por esperanza.
Pero en noches cómo estas... ni tú, ni yo.

**(42)**

He triunfado.
Tu ego siempre
será esclavo
de lo que mi intelecto
desee que pienses
y sientas.

**Para él**

Es que yo no sé por qué carajos te amo tanto.
¿Por qué el tiempo pasa y no nos pasa?
¿Por qué los años no acaban con todo esto que siento, con esta conexión y estas memorias?
¿Por qué a pesar de todo aún sigo sintiendo lo que sentí por ti la primera vez que miraste a los ojos?

Es que todo esto que llevo dentro es mucho, y a veces no estás, casi nunca estás. Y yo aquí, suspendida en el tiempo, conformándome con la idea de que tú también te sientes igual que yo.
Pero es que en noches como estas se me hace imposible no pensarte, no desearte, no querer sentirte y escucharte.

Es que no ha valido la pena dedicar e invertir mi tiempo a tantos idiotas, porque mi corazón aún sigue fijado en ti. Los estragos del reloj no nos hacen daño, y con cada aguja que pasa solo somos mejores que ayer.

Sé que dijiste que no estás para sentimientos, que ahora a mí me tocó lo difícil contigo, que ni tú mismo en estos momentos te reconoces. Pero es que tu intensidad al hablarme, al mirarme al tratarme, confunden cada extremo de mi ser. Tu dices una cosa y tus acciones solo expresan a gritos que estás contento de que yo esté aquí, y ahora.

Yo no me conformo con lo que me das, yo me conformo con lo que yo entiendo que este momento me puedes dar.

## (43)

Estoy enamorada de ti.
Me llenas el organismo de carcajadas.
Estimulas mis sentidos.
¿Cómo no quererte si escuchas
atentamente la sinfonía de mi desafinada,
escandalosa y desenfrenada carcajada?
Me dices que no te quiera,
pero contigo a Neptuno desde el sol.
Contigo sin salvavidas por el mar sin saber nadar.
Quisiera abrazarte y protegerte de las garras
de esas plantas hermosas pero carnívoras.
Quisiera tenerte cerca, mirarte
y con mis pupilas acariciarte.
Quisiera cuidarte del dolor, y hacerte sonreír.
Sé que en estos momentos estás en el lodo, sucio,
aparentemente debilitado, con frío y sin espacio.
Hasta los sentimientos te han salido corriendo,
sientes pena por la humanidad,
ahora en vez de un músculo
en el lado izquierdo llevas un metal.
Por favor, déjate amar.

**Para que te sientas mejor**

Molesta no saber que te duele.
¿Qué puede ser tan fuerte para doblarte? Sé que a veces las luces se apagan y todo es tan incierto, sé que hay situaciones en que la neblina no te permite ver del otro lado y estamos como puntos suspensivos y sin respuesta. Solo piensa que cada oración tiene su final, las comas no son para siempre.

Detente, respira profundo, levántate, y piensa que el dolor nunca es eterno. Sé que eres valiente, a prueba de tempestades, para ser exactos. Inquebrantable, aunque admito que una palabra no es suficiente para describir lo grande que eres, tú poder no es de cobardes.

Sé que a veces la gente nos mata por dentro, sé que a veces quienes menos pensamos, son los que nos vuelven el corazón de hierro. Entiendo que no siempre la vida es púrpura y con olor a rosas, pero si te tiras a morir no sabrás que eres invencible.
Si permaneces en el piso le darás poder sobre tu vida a esos que te hirieron.

Te has caído, te has golpeado, te has fallado, te han humillado, pero sé que después de haber pasado por tantas adversidades tu voluntad no tiene límites. Acuérdate de la esperanza y la fe, sé que son palabras cursis que en momentos de lodo nadie quiere escuchar, pero en tiempo de sequía se convierten en coronas de paz que dan alivio a tu alma.

No sé qué pueda ser tan fuerte como para tumbarte al piso, para ensuciarte las rodillas, para que tengas que sacar tu uniforme de soldado nuevamente. Solo sé que hay batallas que parecen durar para siempre pero, tú eres la fuerza de la victoria que se esconde detrás de las guerras.

## (44)

¿Por qué esta nostalgia,
esta melancolía, esta sensibilidad?
Me he permitido nuevamente ser vulnerable,
siento sangre corriendo por mis venas,
el hielo se ha derretido,
y en vez de frío siento calor.
Estoy viva, más firme que nunca,
más humana, más abierta
a la idea de sentir sin temor a sufrir.
Siento una fuerza inexplicable,
que me permite ser débil,
que me permite expresarme,
que me da energía para
disculparme cuando fallo,
de quejarme cuando no estoy de acuerdo,
de decir que no,
de decir que sí,
de escuchar, de entender, aprender, buscar,
escarbar,
de doblegarme si es necesario,
de imponerme a cualquier tiranía
que atente en contra de mi paz interior.

**El más cursi de todos**

Ya que estamos tan abiertos, me voy a permitir sentir todo esto.

Es tanto lo que llevo por dentro. Es tanto todo esto, que no sé cómo expresarlo, solo sé sentirlo, vivirlo, añorarlo, apreciarlo...
Prometo no más pisotearlo con mis impulsos. Respiro profundo, exhalo e inhalo un aire que me hace sentir tan liviana por dentro.

Es que he llegado a la conclusión que escribir sobre lo nuestro, tratar de describir lo que sentimos sería limitar nuestra historia, una historia que va más allá de lo que tú y yo algún día seríamos capaces de imaginar. Esto va más allá de la piel, de lo que muchos llaman amor, del tiempo, de los testigos, de nuestras experiencias.

De la manera que yo te observo solo mi alma puede hacerlo. Tus ojos son paneles solares que almacenan mi energía. Solo tú sabes contemplarme, mis ojos son cristales donde purificas tu vida.

Es que yo nunca he vivido algo como tú. Vuelvo y respiro profundo y pienso que es increíble como estás aquí, como lo somos todo y somos nada.
Es que a pesar de mi coeficiente intelectual, se me bloquea la memoria cuando trato de expresar en letras como nos sentimos. Eres el segundo de mis catorces pensamientos, el bifocal que da claridad a mis ojos.

**(45)**

Los domingos,
ni el sol,
ni la luna,
ni tú.
Tanto en el séptimo,
como en el primero,
tu presencia alumbra,
pero por tu ausencia.

**Ilusiones**

Me rehúso a la idea de que el tiempo pase y esto que sé que estamos empezando a sentir se quede como una gota de lluvia tendida sobre una hoja. No es que tengo prisa, pero es que he escuchado hablar tanto del amor que quiero saber que se siente. Tengo ganas intensas de probar algo que nunca he tenido.

No me juzgues por favor...

Detente y mírame a los ojos, escucha lo que te dice mi silencio, lo que te muestra mi mirada. Nací para amar, así me hizo Dios, así soy. Y esta manera incontrolable de sentir me ha traído problemas, heridas, tropezones, rasguños y nada de lo que he hecho ha valido la pena, al final, todo duele, y no hay nadie que te consuele. Pero volvamos al punto. No sé que es el amor, pero tengo la certeza de que tu corazón sí lo sabe. Enséñame, no me dejes morir así sin saber que se siente sentir que alguien sienta por ti.

Dicen que son tontos los que inventaron el amor, pero yo opino que son más tontos los que por miedo a ser engañados no se atreven. Yo prefiero amar, y si duele sabré que nunca fue amor. Mientras tanto aquí estoy, viendo desde lejos como todos juegan y participan y yo solo observo desde mi asiento.

Quiero nadar junto a ti en el agua de un profundo mar, quiero volar, quiero correr y con la arena jugar. Quiero que quieras lo que yo quiero. Quiero que todo esto suceda y que no se quede paralizado en mi mente como si fuese toda una ilusión. Necesito que la vida me sorprenda.

**(46)**

No te puedo curar,
tus demonios
van más allá
de mis poderes.

**Te detesto**

Apenas me amas, me estás utilizando, y me estoy dejando. Y yo aquí congelada, tomando un vaso de lágrimas a las rocas, queriendo justificar tus actos, pero esta vez nada de lo que haces tiene explicación.

¿Qué me fui muchas veces? pero fue porque nunca encontré a tu lado un espacio para mí. A pesar que nunca has sido dueño de nadie como tú de mí. Y yo que pensaba que nuestra historia era enigmática, tus palabras de hace unos días han hecho que mi corazón se le abra la herida que creía ya cicatrizada. Te he perdido el respeto. Me di cuenta que a pesar de que dices lo especial que soy, ser especial nunca ha sido suficiente ni para que le des la esperanza a una oportunidad.
Yo solo soy tu perro faldero.

Me pisas con un dedo. Siempre reluctante a que yo me exprese.

¿Cuándo fue la última vez que me preguntaste cómo me siento?

Todo lo que me sucede según tú es asunto mío y de nadie más. Te da pena mi caso, que tengo que buscar ayuda de lo alto, que no sé que es dolor, que tus tragedias tocan más fondo que las mías. Yo no tengo derecho a quejarme, a reclamarte, yo no tengo derecho de respirar.

Y tienes razón, ¿para qué quejarme tanto, si desde que me llames se me olvidará todo esto? Solo espero que algún día te sientas como me siento.

## (47)

Te dije muchas veces
que el dolor no sería eterno.
¡Aún estoy viva!
Aún respiro, aún siento,
a veces te pienso,
con más alegría y menos dolor.
Cierro los ojos y sonrió en silencio.
Por momentos siento una
mezcla de sensaciones dentro de mi cuerpo.
No te odio, me diste mucho en poco tiempo.
Sé que me diste más de lo que
tú mismo esperabas.
Sé que por instantes llegaste
a sentir lo que yo también sentí.
Sé que arriesgaste más de lo planeado.
Sé que te fallaron los cálculos.
Empezaste un juego donde
pensabas que era yo la que iba a fallar,
y sí, tal vez llegué a sentir
mucho más de lo permitido,
más de lo planeado,
pero en tu afán de protegerte
a ti mismo, solo saliste flagelado.

**Sin vergüenza**

Lo mantendré en silencio. Continuaré esperando que me abraces y me adores.

Quiéreme. Me guardaré todo lo que siento, todo lo que necesito, no crearé ningún tipo de expectativas, solo finge que me amas, dame tus migajas, no me repartas lo que quieras, si no lo que te queda. Ignórame. No notarás nada, aceptaré lo que te venga a la mente. Todos somos buenos, no hay necesidad de preocuparse, mis palabras no existen, acuérdate que no soy nadie.

Júzgame. No te preguntaré nada, sé que no hay respuesta. Como siempre, eres ajeno a la situación. Yo reacciono de forma exagerada, te abruma y solo sigues pensando que esto no va a ninguna parte. Tengo miedo de terminar, he estado en una situación similar antes y lamenté la decisión con un agujero en mi alma.

Créeme. Preveo el futuro, pero has violado mi esperanza. No sé cómo alguien que grita que te quiere puede lastimarte de esa manera, lentamente.

Arráncame el corazón. Ya no puedo respirar, me hierve la sangre, me siento impotente, me arde la cara, quiero expresarme pero no puedo. Mi alma no abrirá mi boca. Demasiadas palabras, no puedo decirlas todas. Ni siquiera puedes decirme lo importante que soy para tu mundo, lo que significo para ti... ¿Cómo puedo adjuntarme a tu núcleo?

Atrápame si puedes, hiéreme si quieres, destruye todos mis sentimientos, revela tu oscuridad, tu espíritu sucio. No me importa cómo te sientes, nunca más me importará. No me hables cuando te apetezca. Ya no estoy.

**(48)**

¿Te cuento como
me he limpiado el polvo de las mejillas?
¿Cómo he secado el sudor de mi frente?
Te puedo decir que
muchos intentaron doblegarme,
pero nunca me vieron de rodillas.
Te puedo decir que se han dirigido a mí con
palabras que causan inflamación en el cerebro,
pero yo soy inmune a esa clase de autoritarismo.

**Metamorfosis**

Ella está en calma. Ya no quiere esas relaciones efímeras que se van con tan solo respirar. No quiere amistades falsas, de las que clavan cuando abrazan. Está como las mariposas, en su tiempo de evolución, abrazando cada proceso, conociendo cada folículo de su cuerpo, viendo un poco más allá de su ser. En control, positiva, pacientemente esperando, porque cada cosa tiene su día, su momento, su hora. Con las emociones en su lugar, inhalando, exhalando. Con los pensamientos organizados, en calma y sin temor.

¿Qué le puedes tú ofrecer?

¿Qué es tan profundo acerca de ti, qué merece que su paz sea perturbada?

¿Qué serías capaz de sacrificar por ella?

¿Qué tienes tú que sea permanente y constante?

Ha aprendido a convivir en soledad. Quiere aprender a ser autosuficiente, a no necesitar de nadie, ni física, ni emocionalmente. Aprender a sentirse bien con su presencia, en silencio, en su espacio. Ella sabe que no se quedará sola por siempre, pero por ahora prefiere mirarse a sí misma y a nadie más.

Tiene heridas provocadas por pasajeros de paso que dijeron que se quedarían y luego se marcharon. De esos que se mostraron débiles, y simplemente se alimentaron de sus fuerzas y la dejaron a la intemperie, vulnerable, en un abismo, colgando de un hilo. Tiene cicatrices de todos lo que prometieron, y

faltaron al contrato, tiene cicatrices de esos en los que ella confío pero la ultrajaron.
Tiene heridas recientes, unas más nuevas que otras, y otras a punto de curar.

¿Para qué ensuciarse la boca con besos vacíos que solo saben a sal?

¿Para qué ensuciar la piel con toques que a primeras emiten fuego pero que luego destruyen todo por dentro?

¿Para qué invertir tanto tiempo construyendo lazos estrechos?

¿Para qué quitarle el candado a esa puerta que tiene años sin abrirse?

¿Para qué agrandar el círculo?

No es falta de confianza, porque ella no tiene miedo, siempre es arriesgada, y más para amar, y nuevas oportunidades brindar, pero es que con el tiempo ella ha entendido que hay situaciones que se pueden evitar. Es que ella sabe que nadie muere de sentir tanto, pero es que hay punzones que van al hueso de la risa y viajan directamente hasta la planta del pie.

**(49)**

Yo no estoy bien.
Estoy loca.
Hace mucho
que un beso
me comió las neuronas.

**En el tiempo de las mariposas**

Está reinventándose, ahora tiene menos personas a su lado, cree que eso sucede cuando se avanza, muchos siempre se quedan atrás, unos por falta de voluntad, y otros porque simplemente no pueden mantener el paso.

Está más sensible, habla menos, observa más, evita situaciones complejas, valora los que aprecian la sinceridad, es precavida, tiene cuidado de no herir a los demás, pues ella sabe cómo se siente.

A veces es débil y cae, comete errores, vuelve y se entrega al que no merece su alma, confía, siente culpa, pierde la fe, se llena de dudas, pero nunca cuestiona, pide perdón, se perdona así misma y aunque a veces con dificultad, siempre sigue su paso.

Ha entendido que todo lo que se siente bien es bueno, pero no quiere decir que le convenga. Todos están en búsqueda de algo más grande que ellos, pero no todos usan el método correcto. Todos quieren algo, pero ella solo busca cambio.

**(50)**

Yo iba danzando
por el universo,
y me quedé sin órbita.
Sin frecuencia,
en el espacio,
suspendida pero sin gravedad,
como ese te llamo
ahora que nunca llega.
Como ese no te vuelvo
a llamar que nunca se cumple.
Sin explicación,
flotando entre
el tiempo y el espacio.

**Me sigo engañando**

Puedo sentir tantas cosas esta noche.
Como que me amas tanto o que el amor se nos fue.
Espero que la primera sea la correcta.
Es que el tiempo maldice, y también bendice, y no sé cuál de las dos nos puede suceder.

Es todo a veces tan confuso y lleno de neblina que se me hace imposible ver al otro lado de la orilla, y me da miedo, me da pánico. Es que eres tan vulnerable conmigo y por segundo te conviertes en una fiera agria y con fuego que quema por la boca, y me confundo.

No sé dónde danzar, dónde bailar, dónde reír, dónde disfrutar. Es que solo te quiero a ti, con dolor o sin penas, porque estoy segura que por más que me hieras nunca seré capaz de sentir el dolor que por tus venas yo hice sentir.

No somos nada y lo somos todo a la misma vez.

¿Qué saco yo de esto?

Es que ni siquiera sé dónde estoy parada, se me dificulta ver el asfalto. Tengo neblina en el alma.

## (51)

Esta noche lloraré hasta
que se me fundan los ojos del dolor.
Hoy lloraré por lo que ya sabemos.
Hoy lloraré,
y me dejaré abrazar
por esta melancolía que corrompe
y empapa mis sentidos
y fuerza de voluntad.
Hoy traigo melodías
tristes en el alma,
quiero que la noche me trague y
me escupa al salir el alba.
Estoy rota.

**Realismo mágico**

Sé que el dolor no es eterno.
Sé que me encuentro sola, sentada en este banco,
pero la espera no será para siempre.
Sé que algún día la vida nos devolverá lo que el
tiempo y la ignorancia nos arrebató.
Sé que en esta historia tú y yo terminamos juntos,
porque a pesar de que el pronóstico aparenta ser
triste, nos merecemos un final feliz.

Quiero levantarme con la luz de tus ojos.
Quiero que te duermas con la paz de mi
mirada. Quiero miles de espontáneos a cualquier
hora del día.
Ya no quiero andar de prisa.
Sé que eventualmente apareceremos en un reino
donde yo no le tema al tiempo, donde no tengamos
que mirar el reloj, porque los minutos no se
marcharán.

Ya no quiero que te vayas al caer el sol,
te quiero despertar por las mañanas.
Quiero que me llenes el vientre de magia y que de mi
salgan mariposas encantadas.

Tengo la esperanza de que este mundo mágico se
apiade de nosotros y nos reciba con los brazos
abiertos y sin horarios. Espero que los monstruos y
los duendes se sientan bien con nuestra presencia.
Vamos a exiliarnos donde esto que sentimos triunfe.
Tengo la esperanza de que si te queda alguna duda, la
venda se caiga y puedas encontrar en mi alma
claridad.
Quiero ser el número siete de tus catorce
pensamientos.

Quiero derretirme al escuchar tu voz.
Eres parte de mí, y yo de ti.
Nuestras vidas colidan una con la otra.
En este reino no se escuchan voces que matan el alma con su negatividad.
En este reino tú y yo, solo tú y yo, nadie más.

En este reino las horas se detienen, nuestro amor se agranda, nos volvemos invencibles e invisibles.

Yo nací para amarte, mi corazón fue creado para latir por ti. Mis neuronas fueron creadas para pensarte, mis sentidos sin ti pierden su función.

En este reino tú no respiras sin mí, yo soy tu todo. Dime que me amas, te quiero escuchar desnudar mi piel con tus palabras.

Penétrame sin tocarme.
Vamos a convertir toda esta locura en nuestro ritmo de vida cotidiano.

Aquí no hay leyes, aquí nada es extraño.

**(52)**

Eres la brisa del verano
con su tierno atardecer.
Si me pintas te daré paisajes
que aún no existen,
te prometo una mezcla
de tonos y sabores,
te prometo todos los colores.

**Moriviví**

Para escribir esto tuve que prostituir mi cerebro, a cambio de palabras más allá de mi intelecto para redactar tu historia desde adentro. Después que desnude mi alma en estos versos, no habrá nada más que decir por un tiempo.

Me imagino que al nacer respiraste tan fuerte que penetraste el núcleo de la vida. Las leyes de la física fueron alteradas y sus principios quedaron sin valor. Todas tus fuerzas están medidas por identidades que se unen entre sí.

Tus procesos de vida han compuesto los protones y neutrones que conforman tu átomo. La geometría extendió los ángulos de tu lóbulo occipital, y desde ese instante interpretaste todo a tu alrededor desde una diferente postura visual. Desde ese momento tu perspectiva nunca fue la misma, las matemáticas se convirtieron en tu gurú, en tu prisma.

Eres el que pasa desapercibido, pero que todo el mundo siente. El que subestiman, pero todos estiman. Eres la fuerza del huracán sin el ojo. No destruyes, tú construyes. Eres una planta con hojas repletas de mecanismos de defensa para protegerse de los depredadores que buscan atacar tu grandeza.

Te cierras si te tocan.

Eres la psicología de una presión inversa, los elementos de un canal que aparentemente no tiene fuerza. Eres de los que vuelan alto a pesar de no tener alas. Eres la cima y el clímax de la montaña. Eres energía vital para los que habitan en tu ecosistema.

Tú fluyes e influyes.
Eres una amenaza para los que caminan con la mente sin desarrollar.
Eres fácil de leer y difícil de explicar.
Nunca te robarán la voluntad.
Nunca podrán despojarte de tu autoestima.

Se podrán llevar todo, pero nunca tus ganas de moverte. No tendrás una brújula, pero siempre llegarás al norte. Si te rompes, te pegas de nuevo. Tienes el don de recuperarte con facilidad.

No le debes a quien te hirió, saldaste tus facturas. Si los que te rodean supieran que te quedan miles de oportunidades sin saldar, no te subestimarían; anduvieran con cuidado al andar.

Eres incomparable, tratar de seguirte describiendo es insultarte. Los que te odian te aman, los que te envidian te admiran, es imposible no captarte, mucha luz para la retina.

Es que eres genial mujer.
Tu manera de desenvolverte
no me impresiona.
Tu das vida,
eres creadora.
En tu vientre
no solo hay solo mariposas,
tú albergas raíces de ternura
en cada célula de tus neuronas.
En tu cerebro hay fábricas de pensamientos,
tus emociones son la luz del epicentro.
Apacible y susceptible,
combinación que bendice o maldice.
Fenómeno lleno de magia,
con tu gracia siembras
girasoles y con tu fuerza aplastas.
Siempre verbo,
nunca predicado,
en ti se conjugan todas las acciones,
llevas fuego en el alma.

**AGRADECIMIENTOS**

Mami, lo eres todo para mí. Nadie como tú.

A la familia Calderón, gracias por tanto, los amo.

Tía Tere, gracias por siempre apoyarme.

Glendalee Sánchez, donde hay cariño y respeto las palabras sobran, te quiero.

Joanne Pichardo, (eres un Angel, gracias por brindar luz y no esconderla).

Carisa Musialik, llegaste y el cerebro se me llenó nuevamente de azucenas.

Arelne Rojas, mi hermana de otra madre...

A mis amigas; Julet Alcantara, Lilianny Liriano, Carolina Mena, Fanía Pérez y Mayra Estiel.

Hugo Federico Ovando, (diseño gráfico) gracias por tu grandioso trabajo, por darme más de lo que pedí, gracias tu disponibilidad y generosidad.

Edwin Rosario Mazara, gracias por el apoyo.

Claudio Pérez, gracias de corazón, lo bueno no se olvida.

Alberto Leyba, gracias por brindarme la inspiración de tus fotografías y por dejarme usar tus imágenes.

Miguel Brown, gracias por los consejos y por estar siempre presente.

Yubelkis Mejía, gracias por auxiliarme en momentos difíciles.

July López, Flerida Gonzalez, Judith y Juliette López, los quiero.

Carmen López- Amaro, gracias por tanto, siempre.

Regina Disla, donde sea que estés, gracias por no dejarme caer.

Todas las gracias del universo al equipo de "Dominican Writers", en especial a Angy Abreu, por tenerme tanta paciencia y a Sydney Valerio por entender mi alma.

Gracias a todos los que me brindaron su apoyo a través de las redes sociales, y a todos los artistas del lente que permitieron que yo utilizara sus fotografías en las redes.

Gracias a todos los que creyeron en este proyecto, incluso en momentos en los que yo misma desconfíe, gracias a los que me apoyaron con sus palabras de energía, gracias a todos por su granito de arena.

Gracias a los que pensaron que era imposible.

*Roxana Calderón*

**Roxana Calderón** es escritora y editora nacida en Brooklyn, Nueva York y criada en la República Dominicana. Pertenece a una nueva generación de jóvenes escritores latinos en Estados Unidos. Después de más de 10 años brindando apoyo a estudiantes en áreas desatendidas de Nueva York, Calderón optó por sumergirse en aguas desconocidas y escribió su primer libro *La Casa de las Maletas* (2019, NYC, DWA Press). Con una habilidad intrínseca para describir a través de su escritura lo que muchas veces parece irracional para el cerebro y emocional para el corazón, en su libro, Roxana utiliza una voz original y nos habla sobre el amor y sus altas y bajas. Calderón ha sido publicada en lagaleriamag.com (*Un Verano en Nueba Yol' 2019*), dominicanwriters.com (*Las Hijas de Machepa 2019*), spanglishvoces.com (*El Componente & Confesión* a un desconocido 2020). También ha participado en las antologías del Americas Poetry Festival de Nueva York, Multilingual Anthology (*Just Listen/Solo escucha* 2019) y en la antología latinoamericana *El vuelo más largo*, publicada por Ángeles del Papel Editores en Perú. Roxana forma parte del equipo editorial de la revista digital literaria Spanglish Voces, y es colaboradora de la Organización Dominican Writers. Su trabajo ha sido destacado recientemente en dos de los periódicos más importantes de la República Dominicana; Diario Libre y Listín Diario.

Roxana Calderón vive en la ciudad de Nueva York y trabaja como directora ejecutiva en una organización sin fines de lucros, supervisando varios programas educativos.

www.ingramcontent.com/pod-product-compliance
Lightning Source LLC
Chambersburg PA
CBHW021952290426
44108CB00012B/1039